高等学校专业教材

食品工程伦理学

袁永俊 陈 晟 陈祥贵 马 嫄 编著

中国轻工业出版社

图书在版编目（CIP）数据

食品工程伦理学 / 袁永俊等编著. —北京：中国轻工业出版社，2024. 3

高等学校专业教材

ISBN 978-7-5184-4838-8

Ⅰ. ①食…　Ⅱ. ①袁…　Ⅲ. ①食品工程—技术伦理学—高等学校—教材　Ⅳ. ①B82-057

中国国家版本馆 CIP 数据核字（2024）第 036908 号

责任编辑：钟　雨　　责任终审：白　洁
文字编辑：负紫光　　责任校对：郑佳悦　晋　洁　　封面设计：锋尚设计
策划编辑：钟　雨　　版式设计：砚祥志远　　责任监印：张　可

出版发行：中国轻工业出版社（北京鲁谷东街 5 号，邮编：100040）
印　　刷：三河市国英印务有限公司
经　　销：各地新华书店
版　　次：2024 年 3 月第 1 版第 1 次印刷
开　　本：787×1092　1/16　印张：8. 25
字　　数：188 千字
书　　号：ISBN 978-7-5184-4838-8　定价：39. 00 元
邮购电话：010-85119873
发行电话：010-85119832　010-85119912
网　　址：http://www. chlip. com. cn
Email：club@ chlip. com. cn

190997J1X101ZBW

前　　言

当各位读者看到这本书时，人类文明刚刚迈入了21世纪20年代。正如人类曾对公元2000年有过许多憧憬一样，今天的我们，也同样对这个新的时代，抱有许多美好的期待。

而对于工程类专业的教育者们而言，一颗闪亮的新星已经跃出了地平线，开始被世界各国教育者们所认识，那就是工程伦理这门学科。今天，在经济社会全面发展、快速进步的同时，人类越来越关心人与社会、人与自然的和谐发展，而该学科所关注的，正是这个领域的问题。

2016年，全国工程专业学位研究生教育指导委员会首次发出倡议，全面开展工程伦理学相关的研究、教育。而在工程专业认证的相关要求中，也将工程伦理学提到了与专业课程相当的重要位置。2020年，教育部发布《高等学校课程思政建设指导纲要》，其中明确指出，“工学类专业课程，要注重强化学生工程伦理教育，培养学生精益求精的大国工匠精神，激发学生科技报国的家国情怀和使命担当”。

或许，这是因为经过了几次科技革命的洗礼，人类对科学、技术的影响力，有了许多深刻的反思：科学技术应当是为了改善人类福祉而出现的，但在世界范围内，却有了许多反例。最终，业界普遍形成了一个共识：科技人员，特别是各个领域的工程师们，所肩负的职责并不局限于其技术工作本身，决策时也不能仅依据其岗位的职责要求，而是必须从全社会乃至全人类的角度，全面地理解和考虑每一个工程行为的后果与影响。

因此，工程伦理学就应运而生了。它解决的并不是“油门”和“方向盘”的功能，更像是起到“刹车”的作用：当工程活动可能对人类的福祉构成不良影响时，它就会提醒工程师需要格外谨慎地对待，尽可能地保障相关人群的正当权益，保护社会、自然环境和生态的稳定。一言以蔽之，工程伦理学，就是要培养未来的工程师们对于人类社会、自然环境乃至子孙后代的责任感和主体意识。

食品工程作为人类社会中必不可少的一个工业门类，又和广大群众的日常生活息息相关，更有必要进行食品工程伦理学的研究和教学。因此，我们以习近平新时代中国特色社会主义思想为指导，编写了这本教材，希望能起到抛砖引玉的作用，和全国同行共同探讨食品工业伦理学的相关问题，为提高我国食品工程人才的素养、提高食品工程教育的全面发展，起到一定的推动作用，更希望能为食品行业的职业道德建设添砖加瓦，提升全行业的整体风貌与社会地位。

在本书中，我们结合食品工业领域内的诸多国内外案例，对食品工程的基本伦理原则、几个重要伦理原则的具体要求，以及在食品工业不同阶段的伦理要求等问题，分别加以阐述，并回应了一些社会关切而又没有定论的问题。希望能够借此帮助未来的食品工程师们理清思路，也供同行们一起探讨。

本书的编写工作，仰赖于西华大学食品与生物工程学院和教务处的全力支持；在写作过程中，也得到了周彬儒、顾中一、赖朋等专家、学者的帮助和指导。

对这些真诚的帮助，我们在此一并深切致谢！

鉴于这门学科诞生不久，且编者水平有限、视野局促，本书中一定存在不少错讹之处，挂一漏万在所难免，还请各位专家、同行和广大读者不吝赐教！

全体编者

2023 年 12 月 26 日

于西华大学

目　录

第一章 绪 论

学习目的与要求：

1. 了解工程伦理学的基本意义和定位。
2. 熟悉食品工程伦理的内涵及6个基本原则。
3. 理解本课程3个学习目标，懂得学习本课程对于职业生涯的意义所在。

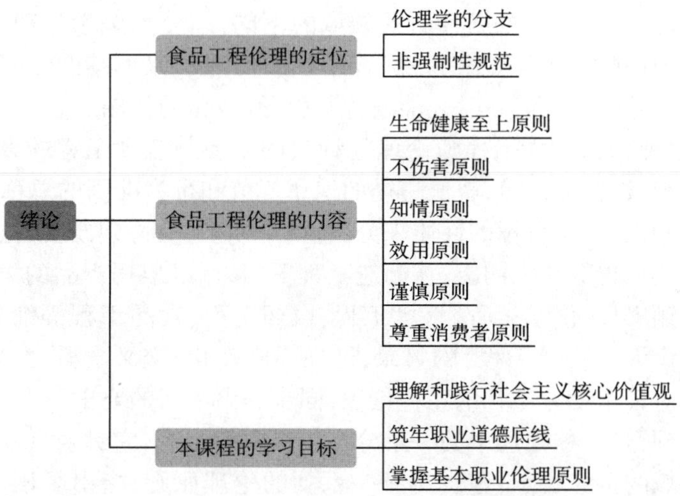

工程伦理，已经成为新时代的一个重要新兴学科，在高等教育体系中，也越来越受到重视。今天，几乎每个工程领域，都会遇到一些无法用法律来判断是非的冲突，也很难用一般的社会道德观念来确定它“好”还是“不好”。这些问题的背后，就是人和人、人和社会、人和自然环境之间错综复杂的关系；再加上工程问题本身的复杂性，影响的长期性，就让诸多问题更加难以厘清对错。由此，工程伦理的意义就越发凸显出来。

正如习近平总书记指出的那样：“科技是发展的利器，也可能成为风险的源头。要前瞻研判科技发展带来的规则冲突、社会风险、伦理挑战，完善相关法律法规、伦理审查规则及监管框架。要深度参与全球科技治理，贡献中国智慧，塑造科技向善的文化理念，让科技更好增进人类福祉，让中国科技为推动构建人类命运共同体作出更大贡献！”（在中国科学院第二十次院士大会、中国工程院第十五次院士大会、中国科协第十次全国代表大会上的讲话，2021年）

2022年，中共中央办公厅、国务院办公厅印发了《关于加强科技伦理治理的意见》，对于中国特色的科技伦理建设提出了具体的要求，再次强调了科技伦理的重要意义。

本书介绍的就是食品工程伦理这个工程伦理的分支，包括它的伦理原则以及在工程实践中的体现和实例。在本章之中，我们将介绍本课程的学习内容和学习目标。

一、食品工程伦理学的学习内容

1. 食品工程伦理的定位

在人类的知识体系中,有一个比较年轻的学科,称作伦理学。这个学科跨越了社会科学和自然科学的界限,主要是指导不同领域内的从业人员,“在正确的时候,做正确的事情”。

“伦理”的内涵与“道德”的范畴近似,但也存在较大的差别:道德通常被认为是人对自己的行为约束,从而使之符合“善”的标准;而伦理学则主要给出了一系列宏观的原则,在人与社会、人与自然的和谐相处方面,提供建议和依据。大致上说,可以把伦理理解为道德的外化,而这两者之间的具体差异,我们将在第二章中加以详细介绍。

而在伦理学之中,又可以根据其所处领域的不同,细分为医学伦理、工程伦理、科学伦理等分支。因为这些领域都各有特点,普遍性的伦理学原理,就必须和这些领域的实际情况相结合,并加以细化和落实,才能发挥其引导、教化的作用。

其中,工程伦理,又称为“工程师伦理”,针对的是参与各项工程的设计、建设、运营、维修、保养过程的工程技术人员,普遍遵循的道德规范和行为准则的总称。当然,“工程”是一个非常庞杂的概念,从目标的性质来分,包括了制造工程、建筑工程、信息工程、医学工程、航天工程、核工程等几大门类;在制造工程下,又可以根据产品的类别,分为电子工程、机械工程、车辆工程、化学工程、环境工程、医药工程、食品工程等细分方向。在科学技术日益发展的今天,各种“工程”的目录,还在不断变化,交叉学科、新兴学科也在不断涌现,相应地,也对各个细分工程的工程伦理,同步提出了新的要求。

食品工程伦理,是工程伦理中的一个分支。从内容上说,它针对食品工程的特点,结合社会对食品领域的特殊要求,整理出了一系列的伦理原则,指出了该领域内哪些事情是应该做、哪些是不应该做,以及在食品工程的全过程中,针对具体的问题,如何“在正确的时间去做正确的事”。对于食品工程的从业人员,有较强的针对性和可操作性。

从效力上说,它是观念、目标、价值取向的集合。它属于倡导性的规范,不具备强制性,更多取决于食品工程从业人员的自律。同时,它也是一个价值尺度,当在食品工程的实际工作中,遇到一些两难选择的问题时,可以用它作为决策依据。

总体而言,食品工程伦理,是建立在人类的工程伦理普遍观念之上,并结合了食品工程的具体特点,从而形成的一套价值观和非强制性行为规范。它对食品工程的从业人员,有指引和倡导的作用,但在食品工程领域之外效能较低,不能替代其他领域的工程伦理,更不能替代作为共识的一般社会道德规范。

2. 食品工程伦理的主要内容

在食品工程伦理的体系之中,主要包括了两大部分:①食品工程伦理的 6 个基础性原则;②这 6 个基础性原则在整个食品链中的不同环节的具体要求。

具体而言,这 6 个原则分别是:生命健康至上原则、不伤害原则、知情原则、效用原则、谨慎原则和尊重消费者原则。对于消费者的正当权益,上述原则就从不同的角度、不同的阶段,给出了不同的建议。其中,生命健康至上原则,可以视为一个兜底性原则,也是食品工程伦理的底线所在。

实际上，这 6 个原则，并非食品工程伦理所独有，而是属于伦理学基础体系的一部分。在其他诸多工程行业的职业伦理中，它们也会以排列组合的形式，单独或协同出现，作为指导性的原则，再与该行业的具体特点相结合，形成该行业独特的职业伦理。

当然，食品工程是具有自己特点的。例如，食品工程涉及的人群、广度和深度都超过了其他所有行业——无论是核电站、水电站还是化工厂，都和一般公众的日常生活有一定距离；即便是生物医药开发、大数据下的隐私保护等和生活较为贴近的内容，也不是和每个人都有直接关系的。然而，人都需要吃饭，这是一个不证自明的事实。因此，食品工程就涉及了几乎所有人的生活，日复一日，年复一年，从不间断。这种普遍性，就意味着对于食品的安全和质量，都必须坚持非常高的标准、非常严的要求；而为了实现这一目标，不仅需要食品工程相关的科学、技术、管理上的不断进步，也需要对从业人员提出具体、细致、规范的职业伦理要求，从源头上筑牢食品安全防线。

本书在编写过程中，正是按照这个思路来安排内容的。

首先，介绍了食品工程伦理的价值和沿革及上述 6 个食品工程伦理的基础性原则；然后按照食品链各个环节的流程，依次介绍这些原则在食品原料的种植养殖、食品的加工生产、销售推广、研究开发等过程中，分别有什么样的具体要求。

其次，上述要求会和食品链的各个环节结合起来。在不同的环节，对上述原则就有不同的侧重；而同一个原则，在不同环节的表现也不尽相同。例如，“不伤害原则”，在食品的生产环节，体现为对食品安全风险的识别、控制和预防；在食品的研究开发环节，则体现为对食品可能在预期用途之外被滥用的风险的预测和防范。

此外，在食品工程伦理学的课程体系之中，不仅包括了伦理的作用、伦理的原则、伦理原则的具体要求，往往还包括了一些食品工程中遇到的实际案例，让教学内容更贴近行业实际，便于理解抽象的伦理原则；同时，也是对当下热点事件争议的回应，从伦理学的角度，对这些事件的性质加以分析和评价。总之，食品工程伦理，是一个集合了具体的伦理原则、代理原则在食品链的实施要求及对本领域热点事件评析的知识体系。

上述内容，我们将在后续章节中分别予以介绍。

二、食品工程伦理学的学习目标

正如各位读者所看到的那样，食品工程伦理学是一门非常年轻的学科，诞生时间仅有短短数年。但我们相信，随着社会的发展，对食品工程从业人员的要求也会越来越高；食品工程伦理学的相关知识，也会随之成为从业人员的“标准配置”。

通过本课程的学习，我们希望能够帮助本书的读者，也就是未来的食品工业的工程师们，实现以下的三个目标：

首先，是更好地理解和践行社会主义核心价值观。培养具备社会主义核心价值观、具有良好的职业道德水准的毕业生，这是我国高等教育中各个专业的共同目标之一，食品工程的相关专业当然也不例外。而要把社会主义核心价值观内化为从业者所认同、所坚守的底线，食品工程伦理就提供了一个很好的落脚点。它能贯彻“四个自信”，基于宏观、普适的 24 字社会主义核心价值观，丰富、扩展成若干项贯穿于食品工程的全过程，让从业者有迹可循、有规可守，真正把社会主义核心价值观运用到实际工作中，让它为社会的和谐发展发挥积极作用。正因为它有这种衔接、落实、细化的作用,职业伦理可以被认为是增强“四个自信”的推进剂。

其次,是帮助未来的食品工程师们,筑牢职业道德的底线,培养共同的职业价值观。正所谓“往者不可谏,来者犹可追”,对于已经从事食品行业的同行来说,行业风气的建设,更多的是依靠企业、行业协会和全体同行的共同努力;但对于本科在校生而言,职业伦理的教学,能起到未雨绸缪的作用,让未来的食品工程师们,在走上工作岗位之前,了解、认同这个行业共同的职业伦理。久而久之,对于整个行业的生态也会起到潜移默化的作用,提升整个食品行业的职业道德水准和精神风貌。

此外,希望能通过本课程的学习,让未来的食品工程师们,掌握一些基本的职业伦理原则,并将其作为自己的思维工具,在今后的职业生涯中,借此判断一些处于模糊地带的问题:符合法律也符合职业伦理的,就理直气壮地放手去做;符合法律但和职业伦理有冲突的,不妨再仔细琢磨,三思而行,以实现经济效益和社会效益的统一,更好地维护广大人民群众的身心健康与正当权益。

总之,食品工程伦理学属于一个新兴的、文理交叉的学科。本书作者希望,通过对食品工程伦理学的系统介绍,能够对全面提升食品专业本科生的培养质量做出贡献。更希望本书能够对食品工程行业的风貌建设有所裨益,则善莫大焉。

小结

本章我们介绍了食品工程伦理的定位,它属于伦理学中的一个细分方向,也是工程伦理的总体要求,是工程伦理在食品工程上的细化和特化。介绍了它的基本内容,即食品工程伦理的 6 个基础性原则,以及这些原则在食品链的不同环节中的不同体现、作用。本章还介绍了本课程的学习目标,以及对未来的食品工程从业人员的期待。

第二章　工程伦理的诞生与沿革

学习目的与要求：

1. 了解工程伦理诞生和发展的过程，包括各种科学技术、工程带给人类的福祉和随之而来的问题。

2. 理解工程伦理、道德、法律三者之间的异同。

3. 熟悉工程伦理的主要原则及这些原则所产生的原因。整体上掌握工程伦理的作用范围和意义。

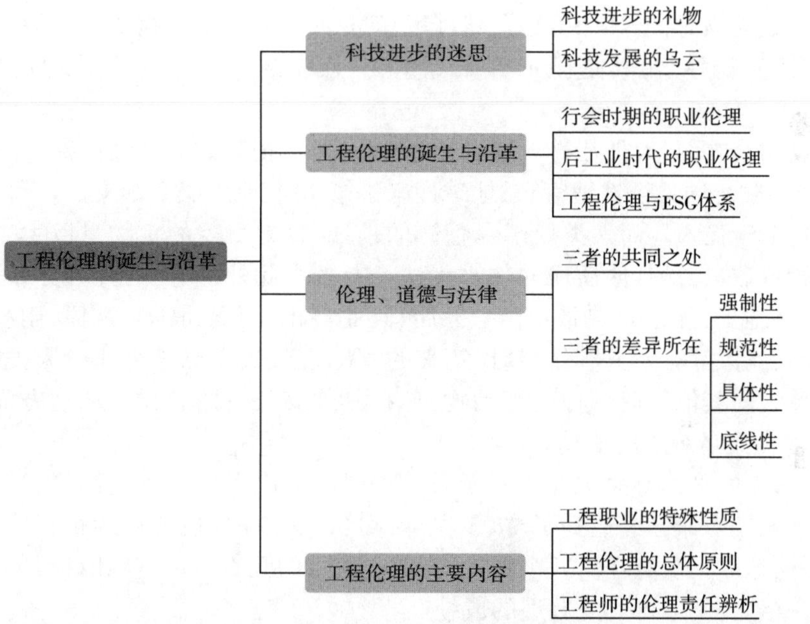

第一节　科技进步的迷思

随着科学技术的不断发展，人类文明已经和孕育人类的自然渐行渐远。这一方面意味着，在生存空间和生活质量上，我们比地球上其他任何一种动物都更有优势；另一方面也意味着，我们已经从大自然中异化出来，站到了自然的对立面上：在许多方面，我们都改造了自然，使其更适合人类的生存，为人类效力，“原始的自然”早已被“人化的自然”所代替。事实上，在这个地球上，没有其他任何一个物种，能够拥有和人类接近的大规模改造自然的能力，甚至可以说，我们已经把“第二名”的物种甩下无数倍了。在几次工业革命之后，这种差距更是被无限扩大，人类已经牢牢地坐稳了“万灵之长”的宝座。试想一下，除了人类，地球上还有什么物种，可以脱离地心引力的束缚，在空中俯瞰地球，探索浩瀚的星空？可以制造出比太阳更加耀眼的核武器，让人类拥有客串死神的能力？更不用说，我们早就能够让江河改变流向、让沧海变成桑田，有了“地图编辑器”一般的能力。

然而，在这种高歌猛进的发展背后，也有许多的问题出现，拷问着人类的良知。尤其是两次世界大战中的生灵涂炭和电气时代后环境和生态的巨大破坏，不禁让人类开始反思：我们的科技发展，到底是不是误入歧途了？如果我们走得太快，遗忘了某些东西，该去哪里找回来？

接下来就让我们在时光的长河里逆流而上，一起回顾下科学技术的发展历程吧。

一、科技进步的礼物

1. 人类的成功

对所有生物而言，“生存”和“繁衍”是两件最重要的事情，甚至已经成为一种本能。对于绝大多数动物而言，其一生的全部过程，就是在这两件事上努力，甚至把两件事合二为一：有许多的物种，尤其是昆虫等低等生物，在完成一次繁殖之后就走到了生命的终点。

而在这两个方面，人类在科学技术的加持下，早已把其他物种甩在身后，一骑绝尘。

2011 年，联合国象征性地宣布，地球迎来了第 70 亿个人类。显然，今天的人类总数，早已远超过七十亿人。而人类处于食物链的顶端，日常所需的食物量巨大，能够保持如此庞大的种群数量，是其他任何动物都无法企及的。此外，人类的种群分布在世界的各个大洲、各种地形，无论是热带、温带、寒带，还是高山、海岛、荒漠、冰原、雨林，只要是在地球的表面，就大都有人类居住，真正意义的“无人区”在不断地缩小。人类的活动范围超过了地球上的其他任何一种高等动物，包括其他灵长目的动物。从这方面上说，人类在“繁衍”上做到了绝对的成功。

同时，人类的平均寿命也在不断延长。按照第七次人口普查的结果，截至 2020 年，我国的人均预期寿命已经达到了 77.3 岁，活到 80 岁、90 岁也被视为很正常的现象。除了人类之外，地球上没有任何一个物种，能够在短短的几百年内，就让种群的平均寿命得以增长近一倍之多，取得如此辉煌的成绩。

此外，人类越来越难以被打倒了。在自然界里，一次火山爆发、一次海啸，乃至于一场瘟疫、一场山火，都足以让数以亿计的野生动植物死亡，甚至让一个物种折损大半（例如，2020 年初，澳大利亚的山火造成了超过两万只考拉不幸死亡，因山火死亡的野生动物总数超过了 5 亿只）。然而，对人类这个整体而言，尽管局部的灾害不时发生，但几乎已经没有什么天灾，足以威胁到人类这个物种的存续了。

2. 科学技术的馈赠

本质上说，这些成绩都是科学技术进步带给人类的礼物。

单从体力、耐力、适应能力上说，人类这个物种，比许多的物种都要弱。在攀爬、跳跃、短跑、负重等项目上，猴子、猩猩，甚至小猫，都比我们的表现强。更不用说，人类既不能飞行，又不能长时间游泳。这个缺点，曾让人类无比羡慕飞鸟与游鱼。也使得世界各个地区的神话中，对神祇的基本想象高度趋同：能够摆脱大地的束缚，自由地翱翔于蓝天之中,穿梭于大海深处。

当然,神话并不能改变现实。真正帮助人类克服自身的劣势,并在“生存”和“繁衍”这两项竞赛中都拔得头筹的,正是不断进步的科学和技术。

一个显而易见的事实是:在地球上的所有物种中,只有人类,会有意识、有计划地进行“种植-收获-种植”的生产过程,作为稳定的食物来源。当然,松鼠埋藏松子、蜜蜂采蜜时传粉,客观上也有助于植物的繁衍,但这些只是无意识的行为,与人类不同。

实际上,在工业革命尚未发生的远古时期,人类就早已开始了种植、养殖的尝试,并通过一代又一代的物种选育过程,“驯化”动植物,使其变得逐渐符合人类的需求,尤其是饮食方面的需要。尽管那时的农业还无法摆脱“刀耕火种,靠天吃饭”的窘迫,但已经让人类不必为最基本的果腹而耗尽每天的时间了,省下来的力气可以去做更复杂的工作。

类似地,通过修筑房屋、建立村镇让人类能够躲避野兽的捕猎;通过修路架桥、驾车造船让人类得以克服地形的限制,极大地扩展了人类的活动范围……就连用火加热食物,这个对我们来说再寻常不过的举动,意义都十分重大:它让淀粉和蛋白质更容易消化,从而减轻消化系统的负担,把腾出来的能量用于大脑的活动。人类是地球上唯一有意识地生火,通过加热来获得熟食的物种;同时,人类的大脑耗能,占全身总耗能的比例也是各个物种中最高的,两者互为因果。如果没有“烹饪”这一重大突破,人类文明恐怕很难出现。

再往后看,人类在种植、畜牧上的重大成就,直接解决了“填饱肚子”的根本问题,同时也为人类社会的分工奠定了坚实的基础。显然,倘若人类中的每个成年个体,都必须每天出去采集食物,那就不会有教师、医生、工匠,更不会有科学家与艺术家的出现。正是科学技术的发展,才让人类得以摆脱如影随形的饥饿感,促成了人类文明的繁荣。

正如习近平总书记指出的那样:“工程科技的每一次重大突破,都会催发社会生产力的深刻变革,都会推动人类文明迈向新的更高的台阶。”(《国际工程科技大会上的主旨演讲》,2014 年)

3. 四次工业革命

当然,人类的发展并非线性的。实际上,在人类进入 18 世纪之后,就像是突然涌出的泉水,人类科学技术的进步陡然加快了。在人类历史上,有人甚至将其形象地称为“科学大爆炸”,来描述科学技术在短短百年中的突飞猛进。

人类历史上经过了四次工业革命:以蒸汽机诞生为标志的“蒸汽时代”;以内燃机和电动机为代表的“电气时代”;以原子能、生物技术、航天技术、微电子技术和通信技术为代表的“信息时代”;以及我们正在经历、尚不能看清轮廓的第四次工业革命:它以新型能源、纳米材料、人工智能、生命科学等方面的突破作为代表,或许可以称之为“智能时代”。

在这四次工业革命的浪潮中,共同的特点就是:作为一个整体,人类的力量越来越强大了。也可以说,我们利用自然资源的能力,被一次次地加强了。在工业技术的加持下,无论是埋在地层深处的石油,还是藏在崇山峻岭中的矿石,在历经了地质变化的沧海桑田、沉睡亿万年之后,变成了人类的资源,为人类的生存服务。

同时,人类改造自然环境的能力也在迅速增长。古人眼中不可逾越的高山、大洋、荒漠,早已被各种交通工具所克服,那些传闻中的“圣山”“秘境”也被一点点揭开神秘的面纱;甚至是南极、北极、珠穆朗玛峰,也留下了人类的足迹。至于原始森林、草原,早已成为人类获取生存资源的仓库;各种大江大河,海岸、岛屿,在人类日益强大的工程机械面前,也只能低下头来,按照人类的意志改变方向和模样。

对此,可以借用荀子有一句非常精准的评论:"假舆马者,非利足也,而致千里;假舟楫者,非能水也,而绝江河。君子生非异也,善假于物也。"

随之而来的是人类生活质量的巨大提高。现代社会中,人类的生活质量与生存安全是古代人类完全无法企及的高度。不难看出,这四次工业革命为人类文明的"突跃"式发展,提供了基础性、根本性助力,让人类获得了如今的成绩。同时,这也奠定了现代社会的基本面貌,导致了社会分工细化,间接促进了文化繁盛。也可以说,这本教材的诞生与传播,同样离不开科技的加持。

同时,这四次工业革命,又是人类数千年来科学技术进步的延续。如果我们崇尚男耕女织是诗意的生活方式,那我们也很难说,弹力面料和集中养殖就违拗自然。毕竟,在人类文明出现之前,自然界里并没有轮子,也没有房屋,甚至没有熟食,它们同化肥、抗生素、食品添加剂、汽车等一样,都是人类科技发展的成果,只不过是出现时间不同。

而食品工业作为工业中的一个分支,对人类文明进步所起到的作用,同样是非常明显的。它不仅解决了"吃饱饭"和"活下来"的问题,更重要的是解放了大量的家务劳动时间。尽管我们今天还不得不时常在烧菜、煮饭和洗碗上花费时间,但与古人相比,在"准备食物"上所耗费的时间和精力,已经非常小了:古人需要花费每天的 1/3 才能完成的事,对大多数人而言,根本不必如此。我们不需要亲自去磨坊磨面,也不需要每天去割猪草、掰玉米、酿食醋,更不需要去亲自追猎野猪而获得猪肉,这些东西,只需要去菜场或超市购买,就能很方便地备齐。

总而言之,在这个蓝色的星球上,人类之所以能够维持到今天,并且还能有不断提高的生活水平,最大的盟友就是各种科学技术的发展。

二、科技发展的乌云

然而,科学技术的发展,带给自然界和人类的并不总是风和日丽的美好场景,也有不少狂风骤雨的伤心往事。尤其是两次世界大战之中,军事科技展现出了巨大的破坏力,引发了人类的诸多思考。

1. 对环境的负面影响

在这些困扰之中,最先被人类意识到的,是对自然环境的严重破坏。

正如前文所述,人类要生存和发展,必然要从自然中获取所需的资源,同时也必然会改变自然的原貌,这是一个不可避免的事实。而随着人口总数的增加、生活质量的提高,我们所需的资源无疑也会成倍的增长,对自然环境的改变随之而加剧,这恐怕是不以人的意志为转移的。

原始社会时,在自然界强大的自我修复能力面前,人类对于环境的影响,可以认为趋近于零。甚至于在古代社会,这种影响也并不明显,人类苦心经营的文明,一旦停止维护,就会很快破败不堪,自然则会把土地收回:往往只需要几十年时间,人类活动的痕迹就被完全抹去,最多是留下一些考古学上的残迹。

然而,随着四次工业革命的相继来到,人类对自然的改造能力也迅速增强。高楼大厦、高速公路、大型桥梁这类人造物司空见惯;运河、水库、巨型水坝、跨海大桥这类巨型工程,也早已不是难事。这些建筑物、构筑物对于自然风貌、生态的改变是相当可观的,具有广泛而持久的影响。著名的阿斯旺水坝工程*,就是这样一个备受争议的例子。

另一类影响则更加直观,那就是人类活动中产生的废弃物排放。无论是废气、废水还是废渣,甚至是单纯排放热量,都会给自然环境带来或多或少的影响,让蓝天白云、绿水青山变成灰头土脸、童山秃岭,也严重地影响当地居民的身体健康。

而在农业活动中广泛使用的农药和化肥,更是引起了长久不衰的争议。一个客观事实是,今天的人类农业,已经离不开这些人造的植保产品(或者说,无法承受因此而带来的粮食减产代价)。然而,它们又的确曾给自然环境带来极大的伤害,特别是对鸟类等物种的威胁,1962 年,《寂静的春天》一书出版,对这类问题大声疾呼,在当时引起了广泛的关注。

因此,在 20 世纪六十年代,环境保护的重要性逐渐进入了世界各国的主流民意之中。相应地,针对科学技术,特别是对工业、工程技术的反思也日益增长。一些比较激进的环保支持者,甚至将工业化视为原罪,并获得了大量的民意支持。

2. 对生物多样性的影响

正如前文所述,人类通过种植、养殖、采摘、捕捞等手段来解决吃饭和生存的问题,也就是我们通常说的“大农业”。在这个过程中,肯定会对动物、植物的物种施加压力,让动植物的某些属性,朝着人类所希望的方向发展。例如,我们每天都吃的大米、面粉,都是对植物品种一代代优选的结果,培育出了自然界中原本并不存在的水稻、小麦品种——也可以说,是人类驯化了水稻,让它更符合我们的需求。这一点,在杂交水稻和各种芸香科的水果上最为明显,橙子、柚子等琳琅满目的水果,都是农业科技人员通过不懈的努力,创造出的自然界中原本不存在的品种。细细回想,我们吃过的类似于橙子的水果,是否有许多连学名都叫不出来呢?

在工业革命之后,人类驯化动植物的能力陡然增强。随之而来的就是规模化、大面积地种植特定的农作物。从农业的角度来说,这么做非常合理,有利于降低成本、提高产量;但从生物多样性的角度来说,事情恐怕就没那么美好了。

例如,我们都很熟悉的香蕉,实际上就面临着一个很大的风险。很多人或许不知道,全球各地种植、销售的香蕉里,几乎都来源于同一个品种“华蕉”(Cavendish)。在此之前,统治食用香蕉王国的,是一种称为大麦克(Gros Michel)的香蕉品种,但在 1950 年,一种真菌病害,横扫了非洲各个香蕉产地,几乎导致香蕉这种植物的消失。随后,华蕉被当作它的接班人,在全球得到了广泛种植。然而,另一种真菌病害,又可能会对华蕉产生毁灭性的影响。倘若它也因病消失,那人类几十年来建立的香蕉产业,就可能会毁于一旦。

香蕉问题

---

* 该工程于 1961—1970 年在左尼罗河上兴建,目的是防洪、灌溉。但建成后,也导致了土壤盐碱化、变得贫瘠等一系列负面影响,因而存在较大争议。

事实上,这正是食品工业化带来的一个难以克服的问题:对某一类可食用作物的生产,往往会集中在几个对人类"最有用"的品种上;而这些品种,显然只是自然界里同类的极小部分。过度依赖它们,就会让其他"不被人类青睐的品种"逐渐消失,从而损害物种的多样性,也给粮食供应安全埋下隐患。

3. 对文化多样性的影响

理论上说,在全球化的背景下,各个文明之间的影响是相互的。然而,大航海时代以来的历史,已经非常直白的表明:在这个世界上的许多地区,文化的影响往往都是单向的输出。

相信本书的读者们都认同一个观点:各个国家、地区、民族的文化与历史传统,都有其独特的价值,都是人类文明的重要组成部分。当然,有些文化、传统之中,包含了落后、粗暴甚至迷信的成分,例如请巫师治病、爱喝生水等已经日渐消亡的消极因素。但这并不意味着,这些传统文化就应该被否定、被遗忘、被抛弃。

其中,一个很有价值的组成部分,就是各个民族独特的饮食文化。无论是对食材的选择、食物的加工方式、餐具器皿,还是用餐礼仪、餐桌语言、菜肴寓意等,都浸透了各个民族、各个地区的文化,这是千百年来慢慢积淀而成的,是展示文明内核的窗口和名片。

身为中国人,我们对此非常熟悉:无论"八大菜系",还是街边小吃,都蕴含着各地的特色、人文风貌,甚至见证了诸多的历史源流。例如,相传"锅盔"诞生于战国时期的秦军的头盔之中,而"满汉全席"反映了清朝时期民族融合的努力,抗战期间,西南联大校园中流行的"定胜糕",取意"抗战一定胜利"……如此种种,举不胜举,这些具有时代特色、地域特征的饮食,本质上也充当了一部分区域文化的样本,乃至于成为了某个区域的居民的标识。

然而,在工业化和全球化的大背景下,先发展地区的饮食文化也很快流入了后发展地区,携工业化的威势而迅速扩张开来。例如,明治维新之时,原本主要吃米饭面条的日本,就掀起了一阵"吃面包"的热潮。而在餐饮连锁巨头的努力下,那些制作快捷、食用方便的快餐食品,很快风靡全球。这些食品不仅热量较高、价格便宜,外观和口味上也竭力满足顾客的偏好,再加上"先进文化"光环的加持,在世界各地无往而不利。与此同时,这种趋势,也把许多当地的特色餐饮文化,渐渐地挤出了人们的记忆之中。

例如,可乐和汉堡,啤酒和炸鸡,这几种食品,相信大家都并不陌生。事实上,它们出现在每一个大洲之中。例如,麦当劳在全球有超过37000家餐厅,分布在100多个国家和地区,每天大约就有6900万人食用它提供的食物(数据来源:麦当劳公司官网,2020年);而可口可乐的消费人群据说已经达到了17亿人,几乎是全球总人口的1/4,其覆盖面和影响力可想而知。

在这些"洋食物"闪亮登场的同时,却造成了诸多地区性餐饮文化的萎缩。例如,北京的豆汁,天津的炸糕,甚至于山西闻喜的"花馍",都逐渐成为了"记忆中的美食",和年轻一代渐行渐远。可以预料的是,倘若这种文化单项输入的情况继续发展,"生日蛋糕代替寿桃"的现象会越来越多,对传统特色饮食、对文化多样性的负面影响,也将会越来越严重,造成许多不可挽回的憾事。相反,海外中餐馆里的"签语饼",尽管压根就没有在中国国内的菜系中出现过，却被莫名其妙的扣上了一顶“中国的特色菜”的帽子。

实际上，就中国的八大菜系而言，在食品工业发展的大潮之中，也有了一些悄然的改变。本书诞生的地方，可以称之为“川菜之乡”。而伴随着川菜馆在全国各地“开枝散叶”，以及近年来逐步探索铺开的川菜工业化（如各种以川菜为名的自热火锅），对于“川菜”的内涵也有了许多外延式的发展。以至于当四川本地人在省外的“川菜馆”吃饭时，往往会悄然一笑：“这个，好像也不太像川菜……”。

总之，食品工业慷慨地带给人类诸多福祉的同时，也让生物的多样性和文化的多样性面临了迫切、现实的挑战。而这些多样性，对于人类的可持续发展、对于民族精神传承而言，又都是不可或缺的宝贵财富。

也可以说，这种无形的威胁，比自然灾害和战争更难对付，危害却并不亚于它们，是人类必须正视和解决的问题。

第二节　工程伦理的诞生和沿革

以上思考的结果之一，就是工程伦理的诞生。它为工业化这匹雄浑的骏马，套上了一个理性的笼头。也有人把社会发展比喻成一辆飞奔的汽车：工业化是它的发动机，而工程伦理则是它的刹车片。

实际上，对于“伦理学”本身的思考，源自人类最朴素的“公平”观念。正如习近平总书记强调的那样，“要完善维护社会公平正义的制度机制，保障人民平等参与、平等发展权利，让每一位辛勤劳动、艰苦奋斗、创新创造者都有梦想成真、人生出彩的机会。”（《在纪念毛泽东同志诞辰 130 周年座谈会上的讲话》，2023 年）

当然，这是从法律、法制的角度进行的思考，而我们都知道，法律并不是解决所有问题的“万能钥匙”。生活中大多数的情况下，要判断某个具体行为是否合理，或者为自己的选择找到依据和引导时，人类依然需要依靠道德、伦理、习惯等相对富于弹性的规则，去作为法律的补充，指引具体问题的解决。

一个通俗的理解是：法律划出了黑色与白色之间的界限，规定了“可为”和“不可为”的范围；然而，现实生活远比法律规定更丰富、更复杂，在黑色和白色之间，存在极大的灰色地带。虽然也存在深灰色或浅灰色的区别，但它们和黑色、白色之间的差异，都并不清晰，不同的人完全可能有不同的理解、做出不同的判断。此刻，仅依靠法律的规定，已经无法指引我们的决策了。

在此过程中，工程伦理就逐渐诞生，成为一门独立的学科。

一、早期的职业伦理

实际上，历史上很长的时间里，在行业管理、行业自律方面，职业伦理都发挥了独特的作用，其效力甚至超过了当时的法律体系；那个时候，职业伦理的载体，就是各种“行规”。

更糟糕的是，那个时代的技术手段，很难检测出产品中的各种掺杂使假问题。例如，

1850年，阿瑟·希尔·哈沙尔（Arthur Hill Hassall，1817—1894年，英国医生、化学家），发明了用显微镜来检查咖啡粉中是否掺有菊苣粉的方法。而在此之前，往咖啡粉里掺杂菊苣根粉末、豆类粉末和小麦粉末等价格低廉的混合物，则是普遍存在的问题，已经困扰了英国人几十年之久。从此，英国人终于拥有了对付咖啡粉掺假的有效手段。

为填补这个空缺，保证市场的正常运行，中外各国普遍都出现了“行会”，也叫作“行业协会”“同业公会”等名称，但都是某个特定行业，在一定地域内的自律组织，例如“京师梨园公会”“伦敦外科医师协会”等机构。这种现象，就被称为“行会制度”，在一定程度上，填补了当时的法律体系在行业管理上的空缺，分担了一部分的政府职能。

在11—13世纪，欧洲的行会发展逐渐达到了巅峰状态，直接渗入了城市生活的所有角落。在那个时代，一名面包师，一位理发师，甚至一个扫烟囱的人，都必须加入相应的行会，才能得到同行的认可，也才能接到生意——徘徊在行会之外的个体商户，或是曾被行会开除的从业者，不仅可能被市政官员禁止营业，更得不到市民们的认可，结果就是没有生意可做。

而职业伦理的发端，正是从这种行会制度中诞生的各种“行规”。

1. 行规对于从业者的积极意义

所谓“行规”，就是当时的行会、行业，对本领域的从业者提出的规则，对行会的成员有一定的内部约束力。

当然，这种约束力，肯定比不上法律法规、各级行政机关的命令。行规之中，往往还包含许多不科学、不合理、带有封建迷信色彩的内容（例如，学徒三年期满之后，还必须“帮师”一年，也就是帮师傅无偿打工1年，这无疑损害了学徒的正当权益）；但在本行业之内，它们却能够得到普遍的承认，绝大多数从业者将其视为金科玉律，甚至比当时的法律、政府命令更有强制力：违反行规的从业者或商铺，轻则被处以罚款，重则会被行会开除，后果非常严重。行业规范，也因此确立了自己的地位。

这些“行规”的存在，一方面起到了指引从业者的行为、裁决从业者之间的争议、规定行业指导价格、明确从业者权利义务的作用；另一方面，也增强了从业者对于这个行业（职业）的认同感，夯实本行业（职业）的整体认同基础。尽管从人类的本能而言，我们并不喜欢有太多的“条条框框”束缚，但对于一个有明确规则可循，尤其是有正当、合理的价值观的行业，往往更容易发自内心地产生认同感。试问，谁会喜欢一个没有底线、不讲原则、随心所欲的行业呢？相反，一个有章可循的行业，更容易让人相信这是一个高尚、正经的职业，社会声望也会因此而更好。同时，这种行规也减少了同行之间的竞相压价、互相拆台的现象，保护了从业人员的正当权益。

其次，行规的存在，有利于增加从业者的自豪感。

当一个行业拥有完整、健康的价值观，并能够在实际工作中得到贯彻和坚守时，这种价值观往往就会得到社会公众的普遍认可。这是因为职业伦理的内容，往往都对业者提出了更高的要求。这些要求，通常都超出了法律和一般社会道德的水准，因而让该行业的整体形象显得更可敬、可亲。由此，也就延伸到对每一个从业者的社会评价上，给从业者传递了积极正面的信号。

例如，医护行业所普遍遵循的《希波克拉底誓言》《南丁格尔誓言》，早已为世人所熟悉，并从中衍生出了对医护人员这个群体的敬意与尊重。相应地，这些行业的从业人员也因此而获得了社会的肯定与接受，产生了职业自豪感。

即职业伦理的产生，增加了社会公众对于该行业的认同感和信任感，从而让从业者认同自己的工作的价值，并将其视为一种对社会有益的工作，而不仅是糊口谋生的工具。

一个没有职业伦理或职业伦理显然得不到遵守的行业（职业），在公众中的整体声誉往往也会非常糟糕，从而间接地影响到该行业的每一个从业者。在面对该职业的从业者时，公众往往默认他们会采取一些不道德、不合理的手段，预先就在心里产生了不信任感。例如，推销某些服务和产品的从业者，在社会公众心目中的地位显然就不高，甚至被戏称为"大忽悠"；其从业人员心中，又怎能有职业自豪感呢？

当然，在工业革命之后，这些行规的作用被一步步淡化，但我们还是能不时看到一些"遗迹"，例如，相声行业就有诸多讲究，"不能酒后上台"（演员上台之前不能饮酒，以免影响发挥）、"捧哏的不能抢逗哏的戏"（演员之间需要彼此配合，不能只顾自己的表现），直到今天，依然是很多相声艺人所认可、所坚持的规则。

2. 行规对于消费者的积极意义

而这些行规，在对消费者的权益保护上，作用也是非常巨大的，尤其是在食品生产的领域内。它们客观上给从业者施加道德压力，划出了更精确的行为边界，通过从业者的自警、自律，保证了产品和服务的质量底线，保护了消费者的正当权益，填补了法律未能触及的灰色地带。

这些行规，在今天看起来非常琐碎。销售产地为意大利的奶油时，禁止在其中掺杂法国的奶油；白面包的尺寸，不得小于平底锅底的直径；禁止在当年新生产的丁香里，混杂陈年的丁香，欺骗消费者……

实际上，这些行规，往往就是根据当时普遍存在的各种食品安全和食品欺诈问题，有针对性地提出的，因而很具体也很实用。在法律之外，它们充当着技术标准的作用；行会强势的管理职能，让绝大多数食品生产者不敢公然挑战这些行规，对市场起到了有效的净化作用，提高了食品安全、质量的平均水平。

这样，消费者的正当权益和身体健康，就有了行会的保护。相应地，消费者也把行会视为整个行业的代表，对于那些品行良好的行会予以充分的信任，把从业人员的声誉视为一个整体，从而降低了双方的交易成本，促进了经济的发展，实现了双赢。

在食品生产领域，在这些行规中，除了有对食品的质量、安全进行规定之外，还对从业人员本身的行为做出了一些指引性的规范。例如在15世纪，英国约克郡的面包师协会，就有一条特殊的规定：在每天正午之后，面包师才可以去市场上购买面粉。这个规定，是为了避免面包师们一起涌入市场（他们的购买量，肯定是超过当时的普通市民的），从而抬高面粉的价格，给穷苦百姓的生活无端带来压力。按理说，欧洲国家一向推崇贸易自由，什么时间去买面粉，本来完全是面包师个人的决定，但这条行规，则对面包师们提出更高的道德要求，即对弱势群体应承担一定的社会责任，与我们今天强调的"企业的社会责任"不谋而合。

从这个角度来看，在行会盛行的时代，行规不仅对食品的质量、安全、分量等指标做出了翔实而具体的标准,也对从业人员之间、从业人员与社会之间的关系,做出了一些指引性的规范,已经具有现代食品工程伦理的雏形。

二、工业革命中的职业伦理

不久之后,工业革命到来了。随着生产力的突飞猛进,给当时的社会结构带来了极大的冲击,旧的社会关系纷纷土崩瓦解,而新的社会关系还来不及建立、完善,一时之间,在社会生活中的许多地方都出现了行为规范的"真空",让措手不及的市民们陷入了迷茫。

而行会及其建立的行规,大多也难以幸免。工业革命的巨浪,冲垮了封建主义的堡垒,也卷走了诸多个体手工业者的饭碗,让很多行会的基础影响力大不如前,甚至不复存在。

在工商业领域,行规的权威性同样遭到了消解,而带来的影响却是极其负面的。旧的行规被视为陈腐的桎梏,遭到了摒弃和嘲笑;而资本有着逐利的本能,又给了否定、践踏行规足够的动力。一时间,各种见利忘义、以次充好的做法泛滥,社会的道德体系遭到了巨大的冲击,人心动荡,真是"虎兕出于柙"。而食品工业,自然也是难以独善其身。工业时代,食品领域出现各种乱象。

在19世纪初,即工业革命的拳脚全面施展开来之后,带来了生产力的巨大进步,其积极作用当然是无可否认的,然而,它的弊端也开始逐渐体现出来。

随着大量手工业者、小作坊主人和工匠的破产,大规模生产的工厂开始成为工业的绝对主角。它们的产量巨大,产品成本低廉,市场竞争力极大。而这些工厂的老板们,在数百甚至上千的雇工面前,自然就成了说一不二的权威。此刻,行会对这些老板及他们的巨大企业,实际上是毫无约束力的。在维多利亚时代,大多数的行会,要么转向较为温和的企业服务机构,要么干脆关门大吉,退出了历史舞台。

这些工厂的老板们,对于赚钱的追求,远远超过了对公众健康的考虑。而大工业生产导致了行会的崩溃,更让他们犹如脱缰的野马,在掺杂使假方面,很快达到了肆无忌惮的地步。

例如,当时在伦敦街头销售的糖果里,大量使用了不安全的色素。用铅盐来把糖果染成红色,用铜盐来将其染成绿色,用铬盐来将其染成黄色。这些重金属的盐类,都会给人类带来健康损害。而糖果的主要销售对象正是处于生长发育期的儿童,这些诡异的色素,对他们的身体造成的威胁就更严重了。而在美国,使用变质、腐臭的肉类制造香肠等腌腊制品,行为恶劣到了天怒人怨的地步,描述这种现象的《丛林》(*The Jungle*)一书,在1906年销售量就突破了十万本——即便是在那个时代,这个销售量也是相当了不起的成就,可以看出当时社会公众对肉类食品质量的不满是何等强烈。连当时的美国总统罗斯福,看了此书之后也是愤怒不已,亲自给本书作者写信表示支持。

更麻烦的是,当时欧洲的食品厂家们普遍认为,在食品中掺杂一些无益但也无害的成分(如在面粉中混入熟石膏粉末),是一种完全可以接受的行为:反正也不会损害食用者的身体健康。

可以说,在行会制度崩溃以后,欧洲和美国的食品生产经过一段野蛮生长的时间,直至几十年后,才纷纷通过立法手段,对这种食物掺假行为进行了严厉的惩治。例如,1860年英国的《抵制假货法案》、1906年美国的《纯天然食品和药物法案》,都是针对这类乱象而提出来的,在很大程度上扼制了这股见利忘义的歪风邪气,但因此而增加的成本很大,产生的效果却有限。毕竟,追逐利润是资本的本性,“资本害怕没有利润或利润太少,就像自然界害怕真空一样”(卡尔·海因里希·马克思《资本论》)。

于是,人们开始反思:仅靠法律和监管机构的努力,就能解决好食品工程领域内的种种不良行为吗?

三、后工业时代的食品工程伦理

在第二次世界大战之后,人文主义思潮开始崛起,人们也开始越来越关注人和社会、人与自然环境之间的复杂关系。在这个时代背景之下,工程伦理学的轮廓变得清晰起来,逐渐成长为一个独立的学科。

其中,《寂静的春天》中描述滥用杀虫剂(代表产品“滴滴涕”)对自然环境造成的严重伤害,甚至让原本生机勃勃的春天,变得一片死寂的内容就是典型的代表,但本书也存在一定的争议,有人认为它是夸大其词、哗众取宠,把多种因素造成的后果全算在了杀虫剂头上。但不管怎么说,这本书尖锐地指出了问题的所在:

在工业化铺天盖地地席卷欧美时,人和自然之间的关系,却变成了你死我活的对抗,其敌对的程度是前所未有的。

同时,在这个时期也有了很多反思的声音:在法律和规则之外,是否有一个更高层次的东西来指导科技人员,把自己的研究成果用于“好的”地方,实现经济、社会、自然环境的协同发展呢?

正如康德所言,“世上最使我们震撼的东西,是头顶的星空,和我们心中的道德。”在这场反思之中,一个答案渐渐得到了多数人的认可,那就是通过道德,来约束科学技术人员的价值选择,从而尽可能地实现科技向善,促进人与自然的和谐。

当然,在这个快速发展的时代,对于不同的人而言,很难找到一个能普遍获得认同的“道德规范”。事实上,人类在许多道德问题上,都出现了极大的分歧(例如,光是“效率和公平,谁该优先”的问题,就能够引发诸多的争议)。然而,职业伦理却因为摆脱了抽象的道德上的争论,更贴近于实际,因而相对更容易在小范围内得到认可。而这种认可,就足以促进特定领域内的从业人员,在自己的工作中认真地考虑人和社会、人和自然之间的复杂关系,尽可能地做出正确的选择,实现科学技术的合理运用。

也就是说,在后工业化时代,职业伦理,特别是工程伦理,在经过了一个“否定之否定”的过程之后,终于又找到了自己的用武之地。

当然,这并不是一种简单的回归,而是在更深刻、更合理的社会意识之中,抽象出了现代的职业伦理,抛弃了其中一些怪力乱神的东西,加强了对人本主义的重视,强调了自然生态环境的独立价值,使之更符合现代社会的实际需求,实现了自我扬弃。

总之,从行会制度发源,到工业革命时式微,再到后工业化时代的复兴,职业伦理在这里走了一个螺旋上升的道路。在道德、法律遗漏的角落,职业伦理充当了一个补充和完善的角色,从而得到了它自己应有的地位。

四、工程伦理与 ESG 体系

1. ESG 体系的概念

2004 年,联合国全球契约组织(United Nations Global Compact,UNGC)等多家金融机构,联合发布了名为“有心者胜”(Who Cares Wins)的报告,首次提出了 ESG 的理念。所谓 ESG,是环境(Environmental)、社会(Social)和治理(Governance)三个词的首字母缩写,也就是对企业在社会责任、环境保护、影响力投资、企业公民等方面行为概括性评价的体系。

其意义在于,在资产负债、年收入和年利润规模等经济方面的指标之外,从社会影响的维度来评价一个企业。这是一个对社会、对环境、对员工、对可持续发展有积极推动的企业,还是一个只顾赚钱,不履行自己社会责任甚至恶化社会环境的企业呢?

而与之配套的,是“绿色金融”的概念:一些巨型的国际基金机构,在投资决策时,会参考该企业的 ESG 体系评价结论,以避免把钱投资到对社会可持续发展不利的行业里。当然,这并不是一个强制性的标准,但对于那些注重声誉的大型企业而言,对目标企业的 ESG 评价进行考察,是一个避免“踩雷”、引发争议的有效手段。因此,在基金投资领域,ESG 体系在近年来越来越受重视,世界经济论坛和“四大”会计师事务所,都推出了相应的评价标准,供投资人参考。

目前,ESG 体系在我国尚还处于萌芽阶段(但香港特别行政区的证监会,对于企业的 ESG 相关信息披露,是有明文规定的),不同行业对此也有不同看法。考虑到我国企业“走出去”的步伐逐渐加快,而无论是海外投资还是海外上市,可能都会需要对 ESG 体系有所依赖,还是应该予以必要的重视,积极争取 ESG 有关标准的话语权。

2. ESG 体系与工程伦理的关系

具体而言,ESG 至少包括环境、治理、社会三个方面的要求;按照 ISO 26000 标准(这是一个被主流认可的标准),可以进一步细分为 7 个社会责任核心议题,即组织治理、人权、职工权益实践、环境、公平运营实践、消费者权益、社会参与和发展。

具体而言,ESG 体系还包括了相当多的考察指标,例如不歧视弱势群体、保护员工的健康与安全、保护环境和生态的多样性、缓解和适应气候变化、公平竞争、保护消费者的健康与安全、尊重消费者的人格和隐私、对社区建设的积极支持、对教育和文化事业的支持、对股东的收益负责,以及在工作的全过程中倡导和坚持公平、诚信等。

这些指标中,多数是超出了法律、法规的范围,甚至超出了食品工程伦理的范围,更像是对企业管理者提出的道德要求。同时,它的基本思路和食品工程伦理是相当贴近的,还有一些具体要求与食品工程伦理直接吻合。例如,在“治理”的范畴中,考察企业是否有一个诚信、尽职、对消费者负责的氛围,这和食品工程伦理中的谨慎原则、生命健康至上原则是一致的;在“环境”的范畴中,考察企业是否注意尊重和保护生物多样性、文化多样性,是否做到了对社区建设的支持,这和食品工程伦理,特别是食品原料生产环节的要求也是高度吻合的。

简而言之,一个重视、践行食品工程伦理的企业,在 ESG 的评估中往往也是能够获得高分;反之,则很难侥幸过关。哪怕仅从 ESG 的角度出发,对食品工程伦理进行研究和落实,也有着极重要的现实意义。

第三节　伦理、道德与法律

前已述及,伦理是法律、道德的补充,三者一同维护了社会的秩序与方向。那么,法律和道德,道德和伦理,到底有什么区别呢?

一、法律与道德的差异

一般认为,法律最突出的特点就是其强制性、规范性、具体性、底线性。

其中最容易理解的,就是法律的强制性。显然,无论某人是否喜欢、认同法律的规定,他都要受到法律的制约;如果违反了法律的强制性规定,就会受到法律的处罚。犯罪分子,当然不可能以"我不认同这个法律"为借口,逃过牢狱之灾。相反,道德并不具备这种强制性,尽管违反道德的行为也会受到社会舆论的否定和谴责,但这种谴责的力度,和法律的处罚相比是要小很多。即不可能因为某人做了某个不道德的事情,社会就对其采取有实质影响的干预措施。

而法律的规范性,指的是法律在文字表述和实际执行中,必须是成文的、规范的、严谨的、确切的,所谓"白纸黑字,黑白分明"。用法律来衡量某个具体的行为,就是对其合法性做出一个明确的评价。相对于道德而言,其伸缩余地要小很多,法官也不可随心所欲地解释法律。而把道德当成"尺子",却往往存在许多模糊不清、界限不明之处,很多时候还会产生争议。

尽管我们往往把道德看作一个整体的概念,但实际上,它在不同的时代、国家、地区,总是存在各种差别。哪怕是在同一个时空之中,不同年龄、阶层、职业的人,对待同一个事件,看法也有极大的差异。例如,在很多网络热点事件中,读者就很可能迅速地分为两派,支持者和反对者都自认为有理,谁也说服不了对方,这便是道德本身的多样性、弹性所致的现象。

同时,法律的作用范围往往是明确而狭窄的,在规定之外的事物,法律是不会也不能干涉的。例如,《中华人民共和国食品安全法》关注的是食品安全,《中华人民共和国价格法》调整的是各种商品的标价方式,《中华人民共和国反垄断法》管辖的是对某个产品市场实现垄断的行为,三者各司其职。倘若某个问题,恰好落在了现行法律的管辖范围之外,那法律是不能去过问的。尤其是一些新出现的问题,囿于制定程序的严谨性,法律往往会存在一定的滞后性。

例如,在微信等即时聊天工具中,"好友"名单(通讯录),到底该归用户所有,还是归运营商所有,就是一个法律空白的例子(各位读者可以试试,把你的微信里的好友列表单独导出,就知道有多麻烦了)。相反,道德却具有普遍性、宽泛性,对于每一个新出现的问题,往往都能在道德的标尺上找到一个定位。

例如,在食品安全领域,发生过一起在当时并不违反法律,但影响极坏的事件。2001年,媒体曝光了南京冠生园使用回收馅料制作月饼的行为。当时这种行为的定性,尚处于模糊地带;而消费者对此非常愤怒,甚至影响到了对月饼行业的整体信任。实际上,站在道德层面,就知道这种做法显然是不合理的:把去年卖剩的月饼里拆出馅料来,再做成月饼卖给消费者,消费者会愿意吃吗?会愿意给家里人吃吗?答案就呼之欲出了。

月饼馅回收问题

最后,我们也必须看到,法律所规定的,是社会秩序的“底线”;而道德所提倡的,则是社会秩序的“上限”。也就是说,道德要求社会成员“向善”“做好事”,而法律则要求社会成员“不作恶”“不做坏事”,因而只是一个最基本的行为规范。也可以说,遵纪守法,当然是符合道德的;但符合法律的事物,却不一定能够获得当时社会道德的认可。

因此,守法的人,并不一定就是符合道德规范的人,更不一定是值得敬佩、效仿的榜样。同时,许多在道德上被认可、被褒扬的行为,例如助人为乐、见义勇为、扶贫济困,都不是法律所强制要求的。这些要求,通常会被纳入道德的范畴,是在法律“底线”之上更高的标准。

总之,法律和道德相比,更像是一个技术性的规范,规定了“能不能”“该不该”“是不是”的问题;而道德则更多的是一个柔性的尺度,评价某个事情“好不好”“善不善”“美不美”。

二、法律与道德之间的关系

从上面的叙述中,我们不难看出,法律与道德是存在很大区别的。同时,这两者并非泾渭分明、各不相干,而是密切联系。

首先,两者都有着共同基础——特定时期内,特定国家和地区中的社会意识。很难想象,一个严重违背大多数民众意识的规则,能够成为法律;即便它能在短时间内强制通过,终究也难以得到民众的认同和遵守,反而会让民众想方设法地规避它、绕过它,最终使其沦为一纸空文。相反,得到了大多数民众认同、理解并支持的法律,在执行中就能焕发出强大的生命力,得到真正的贯彻和落实,从而让守法者自豪,让违法者惶恐。这就是“徒法不足以自行”的道理所在。

其次,道德是法律的重要补充。前已述及,法律并不能总是及时、有效地调整所有的社会问题,尤其是一些处于交叉、边缘地带的复杂问题,法律往往不能提供清晰的评价和裁决,存在一定程度的滞后性(例如,面对器官移植、人工辅助生育等新型的医学技术,就存在诸多尚未明确的灰色地带)。在这种时候,道德往往就为当事人提供了指引,从更高的层面来理解和分析问题,从而让人找到内心的确信与支撑。尤其是那些关于人类未来、国家命运、可持续发展等宏大叙事上,道德就担负着重大的职责,能够让人类凝聚共识、承前启后,在人类文明的可持续发展中指引方向、提供助力。

最后,道德具有事前预警、预防的作用。尽管法律具有惩治违法者的功用,但那毕竟是在违法行为已经发生,甚至是已经对社会造成危害后果之后的事情,只能算是亡羊补牢。而良好的道德风尚,能够让社会成员主动地远离错误,不去做错事;或是能够及时意识到错误所在,悬崖勒马,从而避免给自己和社会造成难以挽回的恶果。事实上,任何一个国家或地区,都不可能确保每一起违法、犯罪行为都能得到及时的惩治,法律的威慑作用依然是有限的。相反,良好的社会秩序,更多的还是依靠民众对道德的依从和自律,从根本上减少危害社会的恶性事件的发生。

总之,道德与法律既有相关性,又存在较大的差别,在人类社会的良性发展中,都起到了难以替代的作用。

三、道德与职业伦理的关系

从概念上说,伦理属于道德范畴的一部分;而各个职业所独有的职业伦理,又是特定社会条件下“职业伦理”这个整体的组成部分。

当我们把社会普遍认同的道德规范,放到某个具体的领域之中(例如,医学、工程学等),将道德规范特化、细化,就得到了该领域内的伦理(例如,医学伦理、工程伦理)。这个时候,抽象、模糊、柔性的道德,就变成了相对具体、清晰、刚性的伦理学原则了。

具体而言,从道德中诞生的职业伦理,就具有了可操作性、可评价性。它不再是泛泛而谈的概念,而是落实到该职业领域内的某个具体的环节中,能够直接对这个环节的选择做出正面或负面的评价。

同时,职业伦理的影响范围,要比道德狭窄得多,与职业领域强烈相关。很显然,医生只需要遵守医学伦理,却无需考虑新闻伦理;但对于媒体的编辑、记者而言,这就是他们理应恪守的原则。类似地,食品工业的工程师需要重视的职业伦理,和互联网大数据管理人员的职业伦理,也几乎没有交集。相反,在同一个时期内,社会的道德规范,影响力遍及每个社会成员——例如,在乘坐地铁时不抢上抢下、主动为有特殊需求的人士让座等行为,就被普遍地视为符合道德的行为,和行为人的职业并没有关系。这就是道德和职业伦理的作用范围差异所致。

此外,职业伦理中的许多内容,实际上需要和本领域内的特定技术规范紧密结合起来,方能发挥作用。也就是说,如果一个外行需要以其中的某个规则来判断某个行为是否符合职业伦理时,往往会感到比较困难。在本书后续的章节中,我们将会看到这样的例子,如“染色馒头”“金箔作为添加剂”等案例,都是需要具备有一定的食品工程基础知识才能正确理解的。

一言以蔽之,职业伦理是对从事特定职业的人,更细致、更具体的道德规范;而道德是对职业伦理的认可、内化、践行和评价,两者各自有其价值,互相不可替代。

进一步说,对于工程职业而言,还有个更细化的“工程伦理”,对工程职业的从业者们起到指导作用。

第四节　工程伦理的主要内容

那么,在现代的工程伦理中,主要包括哪些内容,和广义的职业伦理又有什么区别呢?

总体而言,工程伦理在其影响对象和具体要求上,与其他的职业伦理存在较大的差异。而这种差异,则来自工程行业的特点和工程师职业的特殊性。在本节之中,我们将对此做一个简单介绍。

一、工程行业的特殊性质

工程行业的特殊之处，就在于其影响面比很多其他行业都要重大，一旦发生失误，后果会非常严重。因而，对工程行业而言，需要高度的谨慎与严密的控制；对从事工程设计、制造、安装、运行、检测等工作的工程技术人员（在本书中，统称为工程师，下同），也有着极高的工程伦理的要求。

1. 影响巨大的工程行业

这一点，首先就体现在工程所影响的人群数量上。

当然，任何一个职业，都需要谨慎对待，出现失误也都会或多或少地对顾客、社会造成不利的影响。哪怕是饭店厨师没把菜叶洗干净，也足以让几个顾客吃坏肚子。理发师的手抖，也可能会让顾客的发型变糟。

然而，工程行业能够影响的人群和这种直接的服务业相比，就要大几个数量级了。最直观的就是水利、建筑、核能这种大型工程，一旦出现考虑不周、意外失误或是制造缺陷，涉及的就是几万人、几十万人，甚至足以影响到几代人。

在核工程方面，这样的例子大家都非常熟悉了：1986 年，发生在乌克兰的切尔诺贝利核电站事故，直接导致数万人遭受辐射带来的疾病的长期伤害，核电站被钢筋水泥保护壳罩住，至今周围地区仍是无人的禁区。2011 年，发生在日本的福岛核电站事故，不但造成了福岛县大量居民疏散、至今无法回去居住，还造成了上百万吨核污水，并于 2023 年开始往太平洋里排放，可谓是祸害无穷。

在水利工程方面，影响范围也是极大的。尤其是在水坝的建设上，一个水库的建设，因涉及到水位提高、淹没村庄，往往就需要动员十多万乃至几十万人放弃祖辈居住的家园，整体迁移。而有些设计存在问题的水库，即便运行之后也会给当地的农业、生态带来巨大的麻烦，甚至成为一颗定时炸弹。例如，印度修建的阿坎德邦水电站，投资 50 亿美元、耗时 40 年，终于在 2021 年建成、投入使用；但在开闸仅 40s 之后就全面崩溃，无数人的心血付诸东流。

毫不夸张地说，在现代社会，一个工程能够很轻易地影响到几万、几十万甚至更多人的利益和福祉，因此，社会对工程师提出极其谨慎、高度可靠的要求，自然也不过分。

其次，工程行业的影响，还体现在其可能造成的巨大危害上。

随着现代科学技术的发展，人类的生活越来越便利、舒适；随之而来的，就是人类能够控制、使用的物质和能量，远远超过了古人。相应地，一旦出现了工程问题，后果往往也是非常严重的。

例如，1984 年，发生在印度博帕尔“联碳化学”旗下的一家农药厂泄漏事故中，由于设计、安装和运营、维护、检修上的一系列失误，一个存有 45t 剧毒物质异氰酸酯的储罐泄漏，有毒气体顺风向着镇上飘去。而当地又没有组织应急救援，结果导致了 2500 人死亡、15 万人中毒住院治疗，其中，有 5 万余人永久失明。如此庞大的伤亡数字，已经比一次局部战争还要可怕（例如，2020 年的“纳卡冲突”，造成了双方 7000 余人死亡、上万人受伤），绝对是现代文明社会难以容忍的。

而 2010 年发生的“钻井平台墨西哥湾漏油事件”，BP 石油公司旗下的“深水地平线号”钻井平台,因设计、施工时的缺陷,意外发生了爆炸事故,大量原油随之流入大海,直接把墨西哥湾的海面和附近的沙滩染成一片乌黑。在耗时 3 个月之后,封堵工作终于完成,但已经造成了 78 万 m^3 的原油泄漏、十多万 m^2 海域和沙滩遭到污染,海洋生态环境遭到严重破坏,对环境造成的总体损失大到难以估量。

此外,工程行业的影响,还体现为投资巨大、项目周期漫长。

通常而言,能冠以“工程”二字的项目,基本上都需要有大量的资本投入,用于购买设备、修建构筑、安装调试等方面的费用,固定资产占比极大。如果在工程建成之后,因为技术原因而不能及时投入生产,造成的浪费也是惊人的。有些工程甚至因为设计之初就存在重大缺陷,造成之时即宣告报废,更是令人痛心。

例如,在美国制造、发射“哈勃太空望远镜”的航天工程中,也出过一个非常令人遗憾的错误。在经过了漫长的设计、制造之后,哈勃太空望远镜终于在 1990 年顺利升空。然而,其观测效果却完全没有达到设计指标。经过反复检查论证,确定这是因为在主镜片制造时,出现了一个毫米级的误差(造成误差的原因,一说是因为没有考虑地球和太空中的重力差异,一说是因为制造时未按照规定工艺操作)。在发射之前,要修复这个误差,只需要几万美元、一两个月的时间即可;但要在太空中把这个误差修复,就得动用航天飞机,并且是在 3 年之后的事情了。考虑到哈勃太空望远镜的设计寿命不过 40~50 年,这 3 年的损失可谓非常巨大。

从这个例子中也能看出,工程行业的建设周期,往往是比较长的,一些设计错误、制造缺陷,要等到工程整体投入运行之后才能被发现,要弥补就得付出几倍甚至几十倍的代价。

总而言之,工程行业普遍存在投资巨大、建设周期漫长的特点,一旦发生事故,影响的范围和程度也非常之大,造成的后果甚至足够写进史书。相应地,社会必然对工程行业、工程师有着极高的期望,让我们驾驭好这强大的巨兽,趋利避害,为增进人类的福祉而努力奋斗。

2. 高度复杂的工程行业

除了影响巨大之外,工程行业还具有另一个特点:高度的复杂性。

现代工业,给人类带来了极大的便利,其代价就是高度的复杂性,这种复杂性主要体现在两个方面:

首先,是设备、设施、产品、工艺过程的复杂性。各位读者如果愿意,可以打开你的手机后盖,看看里面的各种零件和集成电路板;而集成电路板上密密麻麻地布满了各种微小的元器件以及复杂的印刷电路,这仅仅是一个可以拿在手里的微小电器。更复杂一些的装置,例如一辆“红旗”汽车,全车超过 1500 个零件(而每个零件又包含了成百上千的螺丝、卡子、插销等小结构);而一枚“长征”五号火箭之中,零件就超过了十万个。

在工程系统中,设备设施的整体可靠性,往往是由那个最不可靠的零件决定的;同时,整体的故障率,也由零部件的故障率叠加而来。所用的零部件的数量越多,可靠性就越低:在这些零部件中,但凡有一个出现问题,都会影响到设备的正常使用,甚至带来极大的风险。

例如,1986 年 1 月 28 日,美国的“挑战者号”航天飞机,在起飞大约 72s 之后,发生了燃料舱爆炸事故,7名宇航员以身殉职,直接损失超过10亿美元,并导致航天飞机项目暂停了近3年之久。而最终的事故调查结论,只是一个价值几十美元O形密封环,因为设计缺陷以及发射场地长时间的低温而出现故障,导致了燃料箱的密封失效,因而在发射升空之后不久,就让液态氢燃料大量泄漏,最终酿成了这场无可挽回的悲剧。

"挑战者号"失事,已经成为了各国工程伦理学课程上的一个经典案例(也包括本书)。它用血淋淋的事实证明,现代的工程技术,具有极大的复杂性和不确定性,任何一个微小的错误和失效,都有可能通过级联反应而被不断放大,让各个分支系统像多米诺骨牌一样倒下,最终造成难以承受的恶果。

"漏了一颗铁钉,丢了一只马蹄铁;丢了一只马蹄铁,折了一匹战马;折了一匹战马,损失一位将军;损失一位将军,输了一场战争;输了一场战争,亡了一个国家",这个古老的谚语,至少在工程领域上说是完全合理的警示,蝴蝶效应并不是天方夜谭。而要对工程中的每一个分支系统、每一个零部件都确保其可靠性,其工作量当然是极其巨大的。

其次,复杂性还体现在工程师的分工合作上。在科学技术不够发达的时代,"一通百通"的聪明人的确是存在的,例如鲁班、达·芬奇。然而,在第二次工业革命之后,科学技术就以极快的速度开始了分叉和裂变,分支学科不断地深化、细化。而精通所有学科、专业的能工巧匠凤毛麟角。

例如,在一个普通的建筑工程中,从动工之前的地质勘探,到梁柱结构的受力计算,再到建筑外观和内部功能的设计,施工时的钢筋绑扎和混凝土浇筑,以及建筑物的给排水,都涉及了非常复杂的专业技术和知识,专业门槛极高,各专业之间彼此很难替代,甚至根本搞不懂其他专业知识。

类似地,在一个普通家用轿车的制造工程中,至少涉及了发动机、油箱、车架、变速箱、车体框架、车载电脑、刹车控制等分支系统,这些系统是彼此独立的,其工作原理、评价方式、工作重心都完全不同,必然要求由一支庞大的工程师队伍,各司其职、各尽其能。

当然,分工之上还要有彼此的协作、配合,才能实现整体性能的最优。然而,要求一名工程师能够对跨领域的知识技能保持精通,实际上也是几乎不可能的事情。这就意味着,工程师队伍中,只要有一个人、一个专业出错,就足以影响系统的可靠性,"木桶效应"*在工程领域是完全成立的。

二、工程伦理的总体原则

前已述及,因为工程行业的诸多特点,对于工程行业和工程师,就必然会有更严格的职业伦理要求。

具体而言,工程伦理是关于工程与技术、工程与社会的一种非强制性的道德规范,是工程师所应当遵循的伦理准则。其目的在于,确保工程对社会的福祉能够带来正面促进作用,而不是负面影响。

---

* "木桶效应",又称为短板效应,是一个管理学的概念。原意是:如果一个木桶由多块木板拼成,则桶里能装多少水,不是由最长的木板决定的,而是由最短的木板决定的,水位超过最短的木板水就会流出去。即一个项目的成功,往往受制于其中最薄弱的环节,千里之堤,毁于蚁穴。

进一步说，工程伦理的总体原则，可以概括为责任、公平、风险三个方面的要求。

1. 工程师的责任

在关于工程师的责任的问题中，首先就是“责任”的界定与分摊。下文介绍的主要为工程师在产品质量问题上的伦理责任。

在人类的历史上，对于确保产品、服务的质量，责任归属于谁，实际上是曾经有过曲折的。在相当长的时间内，各个文明都不约而同地接受了“买家小心”的逻辑（也称为“用户当心”）。也就是说，当时的社会认为，消费者应该足够的聪明和警惕，在购买商品、接受服务的时候，注意辨别这些商品、服务的质量，并自行承担因使用商品、服务而造成的后果。倘若买到了劣质的东西，消费者只能自认倒霉，甚至还会遭到周围的人群嘲讽，认为此人不够聪明。而如果商品带有某种隐蔽的缺陷，并在使用过程中会给消费者带来危害，当时的人们也会将此归咎于消费者没有谨慎的辨别，即“货物出门，概不负责”。

从法律层面，倘若某位消费者要因此而诉讼商品、服务的提供者，也很难得到法律上的支持，至少在程序上处于相当不利的地位。消费者必须自己拿出证据，来证明自己的主张符合法律上的经典三段论（产品或服务有缺陷，自己受到了生命、健康或财产上的损失，这些损失和产品的缺陷有确切的因果关系）。显然，对于普通消费者而言，这是一个相当艰难的任务，往往只好认栽，诉讼也就不了了之。

这种“买家小心”的逻辑，在当时看来，还是有一定的合理性的。在当时，商品的构造普遍比较简单，造假手段也非常有限，以一个心智正常的成年人而言，只要足够小心，就能避免踩坑。

然而，随着工业革命和社会经济的发展，权利本位的思潮也渐渐被社会接受。同时，制造业也随之取得了巨大进步，所产出商品的功能和结构都越来越复杂，完全超出了普通人的知识范围。这个时候，再要求消费者能够有一双慧眼，分辨出各种商品中的瑕疵乃至掺杂掺假，就属于强人所难了。

同时，随着商品经济的发展，与之有关的法律制度也越发完善，关于产品质量问题的责任，开始重新归属。这次，天平逐渐倒向了消费者一方。产品和服务的制造商、提供者，必须确保产品或服务的质量达到合理的标准；倘若没有达到这个标准，并且造成了消费者的人身、财产损失，则制造商必须承担相应的赔偿责任（随后，责任范围又扩大到了销售商）。这个原则，被简称为“卖家小心”。

从法律上说，这就是一种“过错责任”的模式：作为厂家、商家，生产、销售了不合格的产品，即为一种过错；而这种过错，如果造成了消费者的损失，就应该承担赔偿责任。

由此，也延伸出了对工程师的伦理要求：尽量避免不合格产品的出现，尽量避免这种不合格品流入市场，给消费者带来安全隐患。

而随着时代的发展，权利的天平继续倾斜，厂家、商家的责任范围，从生产销售“不合格产品”，进一步扩大为生产销售“带有不合理缺陷的产品”。也就是说，哪怕看起来这个商品或服务，在交付给消费者时，看起来并没有明显的问题，也符合出厂的合格标准，但如果它含有某种既有的、隐藏的缺陷，而这种缺陷又确实造成了消费者的生命、财产损失，则厂家依然有赔偿责任。

在法律上,这种责任归属的模式,叫作"严格责任",在分配举证责任时,实行举证倒置。也就是说,倘若消费者起诉了厂家、商家为这个损害要求赔偿,法律就推定厂家是有责任的,除非厂家能拿出充分的证据,证明自己的产品、服务完全符合相关规定,也不存在任何固有的、不合理的缺陷,厂家才能免责。倘若产品或服务上,被发现了确有瑕疵,哪怕这个瑕疵通常并不足以导致消费者的权益损害,法律依然会支持消费者的赔偿要求。

听起来,这种规定似乎有失公允,给产品或服务的提供者加上了极重的责任,要求他们高度谨慎(法律上称为"注意义务")。但反过来说,和个体的消费者相比,厂家、商家具有显然的资金、技术优势,也有能力来发现、消弭产品中的安全隐患,对他们施加更重的责任,也是一种本质上的公平。

正如马克思所言,"资本害怕没有利润,就像自然害怕真空那样",尽管自然实际上并不害怕真空,但资本为了利润,却是可以漠视法律,甚至漠视他人生命的。例如,在工程伦理领域中,有一个很著名的案例——"安德森诉通用公司案"(*Anderson VS General Motors*),就很好地体现了这一点。

本案于1999年12月24日发生在美国加州的洛杉矶。当时,原告阿洛玛·安德森(Aloma Anderson),驾驶着一辆老旧的"雪佛兰"汽车,行驶在该州的16号公路上。突然,一辆大卡车从岔路冲出来,直接撞上了雪佛兰汽车的尾部,将其撞翻在地,雪佛兰汽车很快起火燃烧。

当时车里一共坐着5个人,包括安德森的3个未成年的孩子。5人都被严重地烧伤,安德森本身甚至失去了左臂的行动能力。事故的直接原因,是卡车司机酒后驾驶,胡乱变道,他应该对事故承担完全责任。

然而,安德森事后却起诉了这辆"雪佛兰"轿车的生产厂家通用汽车公司(general motors company,GM)。原告方认为,这辆车的设计严重不合理,防撞保险杠和车油箱距离太近,也没有其他隔离防护措施。实际上,早在1973年,通用公司一名工程师就发现了这个问题,建议公司从市面上召回涉及这个问题的所有汽车,但该公司从成本考虑,拒绝了这个操作。如果召回并修改油箱设计,平均每辆车需要花费8美元;而如果因此发生事故,诉讼成本加上赔偿金额,平摊到每一辆车上,也只需要不到3美元。两相比较,通用公司理性而冷血地选择了后者。

单纯从经济的角度上看,通用公司的选择,对它而言是最优选择。实际上,对于很多企业来说,面对类似的情况,估计也会做出和通用公司相同的决策。

最终,本案的审判结果,是法庭对这种行为予以了否定,一审判决通用公司赔偿原告方49亿美元,其中48亿美元是惩罚性赔偿,作为对其漠视消费者生命、逃避社会责任的惩罚;二审改判,将金额降低到10.9亿美元,也算是美国历史上罕有的天价赔偿了。

实际上,在本案之前,各国的司法界对此就有类似的倾向,通过加重商品生产者、销售者的责任负担,来倒逼它们尽可能地消除产品的各种缺陷,尽量降低给消费者造成损害的风险。而比这个更早的,则是在工程伦理中,确立了工程师对于产品、服务的责任所在:

在产品或服务的设计、制造、交付、回收处置的全过程中(又称"产品的全寿命周期”)，工程师应当竭尽所能，充分地考虑产品或服务在各种场景中的安全性，甚至包括产品被不正常、不合理使用时的风险，努力保护消费者和其他相关方的生命财产安全。

这种责任，在食品工程中的具体表现和要求，我们将在第五章中加以详细阐述。

2. 工程师在社会公平问题上的伦理责任

除了尽最大努力，对产品、服务本身的安全性负责之外，现代工程伦理学认为，工程师在社会公平上，也有一些伦理、道义上的责任。

本书的读者们，想必都会赞成，一个公平、正义的社会，是所有社会成员共同的追求。对于什么是“公平”，有许多不同角度的解读。但其中有一个很重要的底线，往往是能形成共识的：对于弱势群体，应当予以额外的保护和帮助，避免他们因缺乏自我保护的意识、能力而遭受到不合理的损失。在工程的决策和实施中，应该允许和鼓励公众的参与；对于那些缺乏发声渠道的弱势群体，要主动给予其表达诉求和意见的机会，让他们的正当权益也能得到合理的重视。

在此，有必要引入一个工程伦理上的概念：相关方(也称“利益相关方”“利益相关者”)。相关方，指的是在工程的全寿命周期中(从计划、设计、实施、运营、维护到终止、撤除)和该工程存在利益关系，因而直接或间接地受到影响，或者自认为受到了影响的个人或组织。可以看出，这是一个非常宽泛的概念，工程的投资者、建设者、实施者、监管者、受益者、最终用户、工程所在地周围的居民等，总之，因工程而受到影响的任何人，都可以被视为该工程的相关方。

而强调公平原则，就是要尽可能地对相关方的利益予以公平的维护，对他们之间存在的分歧和矛盾，尽可能予以协调解决。这个伦理要求，从本质上体现了社会公平，以及工程师的社会责任。从现实意义上说，倾听是处理诉求的前提，而处理好相关方的诉求，则能在之后的工程设计、实施中少走弯路，避免很多不必要的麻烦。特别是在网络媒体高度发达的时代，一两个相关方的不满，也可能会给工程的实施、运营带来极大的阻碍。

进一步说，公平原则还意味着，当工程实施之后，会给某些特定的人或群体带来损失时，则该工程的受益者、实施者，应该给予这些受损的人以合理的补偿，尽管这种补偿，未必是法律上所规定的义务。

实际上，工程伦理中的公平原则，和我国的“共同富裕”“让改革发展的成果惠及全体人民”等价值取向，也是基本符合的。

这一伦理责任，在食品工程中的具体表现，我们将在第四章“效用原则”中加以详细阐述。

3. 工程师在风险管理上的伦理责任

前已述及，现代工程的特点之一，就是工程的涉及面广，操作的能量和物质很大，一旦发生事故，给社会和民众带来的损害，在持续时间和危害程度上，都很可能是极其可怕的，甚至有可能被写进历史书中。

有鉴于此，工程的主体(包括出资方、建设方、运营方、监管方等)和相关的工程师在工程安全上的伦理责任也是全面而深远的。不同性质的工程，当然有不同的安全重点，也有不同的策略，但大体上说，都可以称之为“风险管理”，具体包括如下 3 个通用的环节：风险辨识，风险评估，风险处置。

相应地,工程师在这3个环节中,也有自己独特的伦理责任。

(1)风险辨识环节的伦理　所谓风险辨识,也称风险识别,指的是工程师运用自己的知识、技能和各种外部参考资料,对工程中的风险(包括现实存在的风险、潜在的和可能的风险)进行鉴别、判断、归类的过程。

而所谓风险,一般可以理解为存在于工程目标和实际操作之间的不确定性。也就是说,尽管我们设定了工程的目标并为之努力,但并不能100%的确定,我们能够充分、完整地实现该目标。同时,在实施的过程中,可能还会出现一些我们完全不需要、不想要甚至不能要的情况。这些种种偏差,就是工程中的风险。

显然,评估、处置风险的前提,就是发现风险。如果不能正确地辨识出风险,后续的过程也就无法开展,从而导致风险处于不设防的状态,随时可能演化为灾难性的后果。其逻辑很像是战场上的侦查作业:只有先发现敌人,才能引导己方火力,去消灭敌人;反之,就只能等着被敌人偷袭。

因此,工程师在风险辨识中,主要任务就是尽可能地去发现这种不确定性。既然叫作"隐患",说明它们往往具有较强的隐蔽性,要找到它们,就需要足够的知识、技能和经验,更重要的,是有敬畏生命、严谨认真的责任感和使命感,努力做到不遗漏、不放过。

(2)风险评估环节的伦理　在这个环节,需要对风险进行定性甚至是半定量的评价,将其分类为"高风险""中风险"和"低风险",然后再根据风险评估的结果进行管理。当然,在有些行业,还会将其细分为5档,即加入"较低风险"和"极高风险"2个级别,原理类似,不再赘述。

对于风险的大小,可以理解为:风险=发生概率×危害后果。显然,两者中任何一个变大,风险都会升高;如果两者都很大,则风险就不可接受。我们可以用表2-1简单地说明风险评估的逻辑。

表2-1　风险分级管理的原理

风险发生的后果	风险发生的概率		
	较小	中等	较大
轻微	轻微风险	一般风险	一般风险
较大	一般风险	中等风险	较大风险
严重	中等风险	较大风险	严重风险

而工程师要做的,就是从"发生概率"和"危害后果"两方面做出客观的评估、判断。当然,对于每个行业而言,都有其具体的评估流程和标准,在本书中不再展开论述,仅介绍在风险评估中的一些共同的、基本的伦理准则:

首先,必须坚持实事求是的态度。从工程师的心态上说,谁都会对自己的"作品"有所期待,期望它能顺利实施、完成、上市,获得用户和同行的认可,就像看待自家的孩子一样,总会有望子成龙的期待。在马斯洛的需求模型中,这就是"被认可"的需要,也是一种成就感的源泉,几乎是一种人类的本能。然而,带着这样的"滤镜"去分析工程中的风险,就是非常不负责任、非常危险的动作了,往往会让乐观情绪影响了专业的判断,不自觉地让风险评估变形。毕竟,当灾难降临时,可不会跟你讲感情,会有许多人因此而付出健康乃至生命的代价。

因此,符合工程伦理的态度就是坚持实事求是。有千分之一的发生率,就得按千分之一评价,有万分之一的发生率就按照万分之一处理,绝不能把自己的好恶带入风险评估的过程之中,更不能人为地美化、掩饰评估结果。

其次,是导向安全的准则。在工程技术中,有许多问题,恰好就处于“压线”或“骑墙”的位置,无论向哪个方向解释,都是可以说得通的。然而,在工程技术领域,思路却与之截然相反。当遇到模棱两可的选择时,应当选择导向安全的一方。

具体而言,当某个数值的选择是一个范围时,或者材料、工艺、设备有多个选择时,从导向安全的角度出发,确保在可能遇到的最不利情况,或是所有可能的不利因素叠加出现时,依然足以确保该工程的安全。特别是涉及人身安全、公共安全的关键场合,还需要考虑一些额外的安全余量(又称为“安全冗余”),哪怕其中部分安全措施失效,其他的措施也足以保证安全。关于这部分的具体内容,我们将在第四章中的“谨慎原则”中加以详细介绍。

(3)风险处置环节的伦理　对于识别出来的风险,工程师就应该考虑采用什么样的措施加以应对。通常而言,风险处置遵循分级管理的原则,视具体风险的大小,分别采取应对措施。其中,包括3类基本的策略:风险回避、风险控制、风险保留。

①风险回避:指的是经过评估、分级之后,认为风险级别极高,而目前又找不到可靠、可行的措施加以应对,或解决成本非常昂贵,缺乏实用价值时,工程师可以考虑主动地放弃部分的工程目标,借此来回避相应的风险。

这种做法,会产生较大的代价的,即牺牲局部利益和工程目标,以求得较大的安全空间。尽管听起来并不高明,却是一种妥协的智慧。例如,当现有的考古技术,还不足以100%确保古代墓葬里文物的安全(尤其是墓道墙上的彩绘、棺椁内的丝织品等脆弱的文物),那就干脆不去发掘,留待科学技术进步之后再去研究。类似地,在有些水电站的建设中,发现很难做到建设和生态保护两不误(例如,珍稀动物绿孔雀的栖息地,恰好和怒江上的某水电站建设地点重合),则人类干脆主动后退,暂时放弃水电站的建设。

总之,风险回避,并不是消极地回避问题,而是实事求是、小心谨慎地评估风险,对于没有把握的问题,或是难以消除的风险,从大局出发,积极稳妥地躲开风险。

②风险控制:指的是在正确识别风险的基础上,采取相应的措施,尽量将风险消除,至少将其控制在可以接受的水平上,也就是减小风险发生的概率,或降低风险发生的后果,或两者兼有之。

相对而言,风险控制比风险回避要更积极一些,属于在可改变的范围内,正面应对风险,但这并不是说,它就一定比风险回避更好。

例如,我们都知道,野生的河豚,是有可能带有河豚毒素(tetrodo toxin,TTX)的,人如果吃了这种河豚,死亡风险极大。更麻烦的是,一旦河豚的鱼肉染毒,任何常规的烹饪措施都无法将其消除。那么,作为风险回避的措施,当然就是“不吃”最为安全了。而人类又发现,人工养殖的河豚,因为接触藻类的机会很小,不太可能带有毒性,吃起来不太容易中招——改为吃人工养殖的河豚,就是一种风险控制的办法。

③风险保留：则是在上述两类措施都不太合适时，一种很无奈但又很实际的措施，也就是接受这种风险的客观存在，并考虑好风险发生之后的处置和补救措施。

这种策略，主要用在那些固有风险极大，无法彻底消除也无法绝对避免，但人类又离不开的场合。其核心要求是：当风险确实变成了事故，则事故的后果该怎么公平地分摊。

风险保留，最突出的例子就是汽车相关的保险。以人类目前的科技水平而言，无论是哪个国家，都无法彻底地杜绝车祸，尤其是在高速公路上发生的车祸。而人类也不愿意放弃汽车带来的种种便利，所以只好承认这种风险、接受这种风险。更重要的是，预先为这种风险的后果，找到了最终的承受者：那就是保险，尤其是第三者责任险，解决车祸中有责任的一方不愿意赔偿或无力赔偿的问题。

总体而言，风险保留的策略中，有一个通行的伦理原则："谁的肩膀最宽厚，谁就要承受更多的风险"。例如，相对于消费者，生产厂家无疑更有承受能力，因而也会分摊更多的风险。这种看似不公平的做法，也是一种本质的公平。

需要强调的是，"风险保留"，绝不是"躺平"，对风险视而不见、充耳不闻，完全靠运气来应对风险，而是要在充分识别风险、评估风险的前提下，实事求是地承认其存在无法完全消弭、控制的部分，并对这部分风险可能的后果，进行公平合理的分摊与补偿。

在工程实践中，工程师往往视具体情况，而选择上述 3 个策略中的一个或多个，以实现对风险的合理处置，使其符合工程伦理的原则，也满足社会一般公众，对于工程中实现公平、正义的朴素的道德期待。

三、工程师的伦理责任辨析

前已述及，工程师在工程伦理中，有责任、公平、风险 3 个部分的要求。然而，在工程实践中，还是会出现许多伦理上的冲突，包括伦理原则之间的冲突、原则与实际生活的冲突，让工程师的伦理责任变得相当复杂。以下我们对此简单地介绍一下。

1. 工程师的角色冲突问题

在绝大多数情况下，工程师当然是受雇于某个企业、单位的职工，接受雇主的安排，提供特定的劳动，从而换取报酬。由此，必然就会产生工程师对公司的尽职义务。

从表层上说，这一义务要求工程师遵守劳动纪律和岗位职责，提供符合通行标准的劳动。从深层上说，这一义务要求工程师发挥自己的知识和技能，审慎地对待工作，尽可能地维护雇主的经济利益和社会形象，也间接地增进社会的福祉。"端人碗，服人管"，这种尽职义务并不违反法律和伦理，甚至是为社会一般道德观念所认可、所推崇的，将其称之为敬业精神、爱岗敬业、恪尽职守、勤勉上进等，整体的观感是正面的。

同时，我们都知道，工程师还肩负着对社会、对人类的伦理义务。也就是说，食品工程师的工作，不仅要对产品本身的质量负责、对企业的利益负责，还需要考虑对社会、对生态、对人类可持续发展的影响，这是一种职业伦理上的义务。

当上述两者方向一致时，当然不存在什么问题。但在工程实践中，完全可能出现两者出现偏离，甚至存在很大分歧的情况。这个时候，就会给工程师带来两难问题：是该恪守自己的职业角色，优先考虑雇主和企业的利益，还是应该坚持社会成员的普遍义务，优先确保公众和社会的利益？

尤其是在现行法规、标准还没有强制性规定的情况下，工程师就会面临一个伦理上的冲突：公司雇员的身份，要求他尽可能地维护公司的合法利益；科技人员的身份，要求他遵循科技伦理，尽可能地考虑对社会公平、自然环境、生态安全的深远影响。在很多时候，两者并不完全一致，必然要做出取舍。

这种冲突，也源自商业成功和工程质量在价值取向上的差异。通常认为，工程师应该追求工程的方便有效、简洁易懂、安全可靠；而商业上则更看重于工程（包括制造工程的产品）的利润率和市场占有率。在很多时候，这两者并不一致。冗余设置，可以增大工程（及其产品）的安全性，但显然也会提高成本，同时也会影响用户体验。如何在两者之间找到平衡点，就非常考验工程师的技术、经验和伦理意识了。

这方面最突出的例子，莫过于波音 737 MAX 系列客机的事故。在飞机交付前，波音公司就已经发现，该系列客机在设计上存在一个重大的缺陷（当飞机上的迎角传感器中发生故障，就可能让"防失速自动控制系统"错误动作，从而导致飞机的机头向下俯冲），但为了尽快获得适航许可证，遂向美国航空管理署（Federal Aviation Administration，FAA）瞒报了这一隐患。波音公司的想法，是认为故障发生的概率很小；同时也希望在这种情况发生时，飞行员能够迅速将其纠正。而当事故真的发生时，并不知情的飞行员不一定能正确处置这种特殊情况，结果就是两起惨烈的空难：印度尼西亚狮子航空公司空难（2018 年 10 月）和埃塞俄比亚航空公司空难（2019 年 3 月），两架飞机上共有 346 人，在事故中全部罹难，代价十分惨痛。

波音飞机事件

在对此作出的调查报告中，特别强调了波音公司存在"工程师错误的技术假设"，也算是给世界各国的工程师们一个提醒：我们不仅是公司的雇员，更是公众生命和健康的守护者，为了商业成功而降低技术标准，结果很可能会付出生命的代价。

2. 技术中立的争议

此刻，就有必要引入另一个具有争议的问题：技术本身，是不是中立的？或者说，技术有没有善恶之分？

有极少数技术，从出现开始，就直接挑战了现行的法律、法规、社会道德规范，尽管它们对于技术的使用者可能有好处，但却妨碍社会秩序、损害公共利益，则它们肯定是不合理的，甚至直接就是违法犯罪的工具。

例如，有一种很便宜的金属小构件，被称为"安全带插扣"。其作用原理是：当某人坐在汽车的驾驶人或副驾驶座位上，又不想系安全带时，就将其插入安全带的插孔，以欺骗汽车上的安全系统（否则，安全系统会持续地发出警报声，提醒使用者系好安全带）。那么，这种技术，能够真的防范不系安全带所带来的危险吗？答案不言而喻。

类似地，被国家明令禁止生产、销售和使用的"瘦肉精"，干扰水产品中抗生素残留检测的试剂，显然都是对食品安全的重大妨碍，也属于"恶"的技术。这类主观上就恶意满满的技术，相信对于广大读者而言，是很容易辨别的。

然而，还有许多技术，本身谈不上善恶，其影响完全取决于使用者的态度。合理、负责任地使用，则技术为人类造福；不合理、随意地滥用，则技术为人类肇祸。这种观点，就被称为"技术中立"，也就是说，技术没有自主性；而绝大多数技术，本身并不具有天然的原罪。要确保它们被正确地使用,就需要科技人员的自觉与担当,把技术用在正确的地方,以正确的方式使用。当特定的科学技术,在被用于特定的场合之后,产生的后果几乎总是由相应的企业、机构来承担(工程师个人,在没有严重过错的情况下,通常不承担法律上的责任),但工程师对此仍然负有道义上、伦理上的责任。

也就是说,大多数的技术,本身的确是中立的;但工程师的取舍,却是有对错之分的。他需要根据自己的专业知识,对技术应用的后果做出判断;而这种判断上的依据与意识,实际上就是本书的核心内容:工程伦理。

3. 工程师伦理责任的具体表现

综上所述,工程师在辨识、评估、处置风险时,是存在伦理上的责任的;当商业利益和工程安全(包括工程本身的安全,以及工程对环境、社会的影响)发生冲突时,工程师应该予以正确识别,并如实上报给工程的决策人员,尽可能地避免危害后果的发生。

也就是说,即便工程师没有最终的决策权,也应该将自己的发现和判断报告给自己的上级,直至该工程的负责人,阐明自己的意见,必要时可以据理力争。

那么,如果用了上述方法,依然无法消除工程中的重大风险,对公众利益仍然存在巨大隐患,又该如何?或者在工程中,发现了一些明显违规甚至违法的行为,工程师该如何处置?

答案很简单,却并不轻松:向相应的政府监管部门举报。

显然,举报的后果,是不安全的行为得到制止,同时该企业也会受到相应的处罚,给企业造成直接(罚款、停业整顿)和间接(商业信誉受损)损失,甚至可能导致企业关门(吊销生产许可证照),也可能会使很多人失业,且也包括工程师自身。在这种情况下,工程师的举报行为,是不是正当的呢?

对此,北宋文学家、政治家范仲淹,给出了一个非常有意思的答案。庆历三年,范仲淹参知政事(相当于宰相),一项重要工作就是整肃吏治。一次,他拿着基层官员的名单,正把不合格、不称职的官员名字勾掉,准备予以罢黜。同僚富弼看到,就叹气说:"十二丈则是一笔,焉知一家哭矣!"("您这一笔下去,官员的一家人就该哭了!")范仲淹回答说:"一家哭,何如一路哭耶!"("他一家哭,总比那一方百姓都哭要好多啦。")

也就是说,当工程师向监管部门举报了公司的违法违规行为,虽然可能让公司和公司的员工利益都受到损失,但这种损失要比放纵违法行为去祸害百姓轻多了,属于"必要之恶",甚至是大善,因为这间接地保护了很多人的生命、健康等正当权益。因此,在工程伦理上,我们认为,这种行为并不违背工程师对所在企业、单位的敬业、保密义务,也就是俗称的"吹哨人",是值得鼓励的。

一句话,工程师是属于企业、单位的雇员,更是属于社会的一分子,当商业利益和社会公共利益发生冲突时,请务必选择站在社会公共利益的一边。

小结

在本章之中,我们回顾了职业伦理的出现、兴起、衰亡和复兴的历程。职业伦理,脱胎于行会制度,又在工业革命中逐渐失去地位;而第二次世界大战之后,对工业化的反思浪潮，又使得它涅槃重生，通过注入人本主义等适应现代社会的内涵，成为和道德、法律一起维护社会秩序、确保科技向善的重要力量。

本章之中，我们还解释了法律、道德之间的差异，如是否具有强制性、规范性等。而两者的作用是互相不可替代的。在道德之中，又单独分支出了伦理的概念。而职业伦理，则包含在伦理的范畴中，它通常仅限于某个狭窄的职业领域内的人所认同和遵循，在不同时代、不同地区，都有较大的差异。法律和道德，都具有各自独特的作用；而职业伦理，也在自己的领域内发挥不可替代的功用。

接着，我们介绍了工程伦理的主要内容，包括对待风险的主要步骤，以及工程师的相关责任。

总之，职业伦理，特别是工程伦理的诞生并非偶然，也不是一帆风顺，而是经过了曲折的过程。在现在和未来，它都会在人类社会发挥极其重要的作用。

思考题

1. 不同的人道德标准也不同。因此，对于同一个事物，不同的人在评价上也不同。你认为这种分歧是不是合理的？为什么？

2. 有人认为，食品工程并不是高技术含量的领域，因而没有必要强调食品工程伦理的研究和教育。你认为这种观点是否合理？为什么？

3. 随着科学技术的不断进步，有人认为，法律规范也会随之而越发严密，就不再需要职业伦理来发挥作用了。你认为这种观点是否合理？为什么？

4. 有人认为，如果所在单位（企业或其他组织）的行为，可能对公众利益造成非法损害时，工程师可以选择沉默，也可以选择辞职，但不应该举报，因为这是对同事和公司的背叛。那么，你认为该如何理解此事呢？

第三章　食品工程伦理的特殊性和底线

学习目的与要求：

1. 了解食品工程对人类社会发展的意义，理解食品工程伦理的特殊性。
2. 掌握食品工程伦理的底线要求。

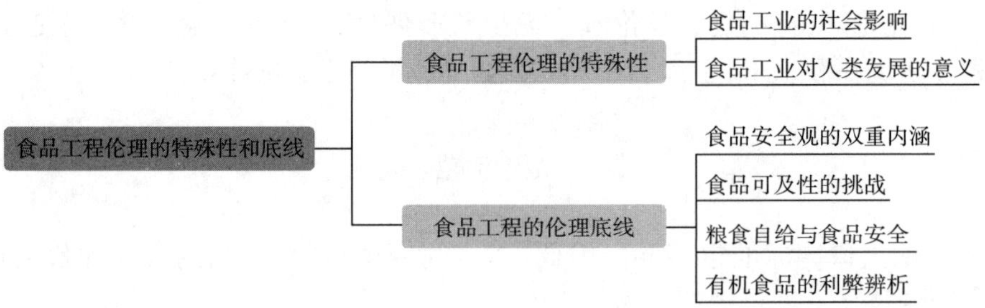

从人类文明诞生开始，获取、加工和储存食物，就是所有人都必须极端重视的问题——如果食物供应短缺或食物质量不佳就可能直接导致饥荒，或造成普遍的营养不良，甚至让一个族群、一个地区遭遇灭顶之灾。

相应地，在中国传统文化中，是将“社稷”视为一个国家最重要的财富和象征，不惜一切代价加以保护。因此，才有了“民为贵，社稷次之，君为轻”的说法。(《孟子·尽心章句下》)这里的“社”，代指国家的领土；而“稷”，说的是管理各种谷物的神祇，也就是泛指各种粮食作物的种植、食物的供应。可以看出，在中国文化中，把食物供给的安全性，已经放到了无以复加的位置。

随着科学技术的进步，食品供应的重心，从单纯的依赖于农业(包括种植业、养殖业、渔业、狩猎等活动)，逐渐转移到农工并重上来。尤其是在现代社会中，人们对“食品供应”的期待，早已脱离了“填饱肚子就行”的阶段，更看重饮食健康，对食品安全、食品营养价值、食品各方面的感官享受、食品的文化特色等都有了越来越高的要求，而这必然就依赖于食品工业的不断发展。

而在第二次世界大战之后，人类对环境、生态的价值有了进一步的重视，很多国家都把“可持续发展”，作为自己的战略目标。再加上城市化的普遍推进，可供种植粮食的土地被大量用作建筑用地，粮食供应与生态环境保护之间的矛盾开始变得尖锐起来。此外，在对世界上较为贫困国家和地区的帮扶、援助问题上，也需要在社会发展和生态保护上进行统筹规划。一言以蔽之，在解决人和自然的和谐发展这个宏大的命题之中，必须有食品工业的参与，进而要求在食品工业的诸多方面上，做出积极的变革，才能适应时代发展的要求。

相应地，对于食品工业伦理学，就产生了高度多样化而又迫切的需求。不妨引用联合国粮食及农业组织(Food and Agriculture Organization，FAO)的章程来说明这种复杂的价值期待。

接受本章程的国家,为了下述目的:

提高他们各自管辖下的人民的营养水平和生活标准;

保证改进一切粮农产品的生产和分配效率;

改善农村人口的状况;

从而有助于一个发展中的世界经济、保证人类免于饥饿;

通过加强他们分别的和集体的行动,

决心提高共同福利,因此建立联合国粮食及农业组织。

(1945 年 10 月,在渥太华通过)

而在联合国制定的《2030 年可持续发展议程》中,则把对食品行业的期待,具体地解释为。

目标 2:消除饥饿,实现粮食安全,改善营养状况和促进可持续农业。

目标 3:确保健康的生活方式,促进各年龄段人群的福祉。

从这些抽象而宏大的目标中,我们可以把人们对食品工业的期待,大致划分为以下 4 点内容:确保食品的供应、增进人类的福利、保护人类的健康、保护自然资源和自然。这 4 点内容也正是食品工程伦理的支柱与核心。

在本章中,我们将围绕着这几个目标,分别加以论述。

第一节　食品工程伦理的特殊性

在人类社会诸多的产业门类中,食品工业只是其中非常普通的一个。按照不同的划分标准,可以将其定位为第二产业、轻工业、传统工业;其产品属于一次性的消费品,既面向直接消费者,又为同行业的其他食品生产企业提供原材料。

然而,和其他工业相比,食品工业具备了一些非常重要的特点。

一、食品工业的社会影响

1. 食品工业对社会生活的影响

在中国文化中,常常强调"民以食为天"。的确,对于现代社会而言,食品工业毫无疑问属于基础工业,而且是其他行业无法替代的。在生产力低下的年代,人类可以在居住、出行、娱乐等方面降低期待,但显然没有任何一个时期,可以让人不吃饭还能活下来。一旦食品供应出了问题,随之而来的就是极其可怕的后果。例如,我们后面会介绍的"爱尔兰大饥荒",就直接造成了该国人口减少了 1/4。对于中国这样的人口大国而言,需求的粮食数量非常庞大,粮食供应的安全,更是一切建设和发展的基础,无论如何强调都不过分。

而要做好食品供应,首先必须依靠农业养殖业、渔业的高质量发展,从种植、养殖、捕捞等方面综合保障粮食的供给。然而,仅有农产品的稳定供应并不足以解决粮食供应的安全问题,必须有食品工业的配套努力。

例如,我国居民的饮食传统中,植物油占据了不可动摇的地位;而在诸多植物油中,菜籽油和大豆油,就占据了大半壁河山。显然,菜籽和大豆并不会自己变成食用油,相反,它们的加工过程,涉及一系列的复杂工程技术问题。榨油技术的水平将会直接影响到了油品的质量,并间接影响消费者的健康。特别是有关“压榨油”和“提取油”的争议,其中有关转基因大豆的争议,几乎影响到了每个家庭在买食用油时的选择。此外,食用油的生产过程,还会产生豆粕等副产品,从而把影响传导向下游的食品产业(如猪肉、鸡蛋的生产)。从整体来看,食用油的生产和加工领域,影响的范围何止几亿人?

同时,食品工业上的诸多问题,往往带有巨大的惯性,会在此后很长的一段时间内持续地影响当地居民的观念和选择,范围甚至可能不止一、两代人。例如,对于糖精是否安全的问题,对于大量摄入脂肪是否对人体健康有害的问题,就在第二次世界大战后至今的漫长时间里,一直困扰着几乎大半个地球的人们,影响了无数家庭的菜篮和餐桌。

总而言之,无论是在时间还是空间的维度上,食品工业所带来的影响,都是极其宽广而深远的。作为食品工程的从业人员,我们所从事的职业,意义并不比制造飞机、探索太空、开发新药、网络通信、人工智能等领域要小,而是一个举足轻重、关乎全民的基础工程。我们完全有信心、有理由,为即将从事的食品工程职业而自豪。

2. 食品安全事件对社会的影响

围绕食品安全问题,尤其是一些重大的食品安全事件,对社会生活、社会观念的影响,更是持久而庞大的。

这方面最为突出的例子,就是2008年的“三聚氰胺”事件。

2008年8月,有消费者向质监部门和厂家举报所购买的三鹿婴幼儿配方乳粉有质量问题,造成了孩子的身体出现严重疾病。在随后的调查中,证明该消费者的举报属实;更重要的是,其影响范围远远不止这一个家庭。随即,国务院启动国家安全事故Ⅰ级响应机制,由国家质量监督检验检疫总局牵头,组织了公安、卫生、农业等部门参加的调查组,在全国婴幼儿配方乳粉行业中进行了紧急的全面排查。

调查结果令人愤慨:在涉案的三鹿乳粉中,检测出了三聚氰胺的成分。这是一种和食品工业完全无关的化学物质,也从未获准用作食品添加剂,本就不应出现在乳制品中。而添加它的唯一目的,只是为了提高牛乳中的氮元素含量,以掩盖在牛乳中故意掺水的不法勾当,从而牟取不义之财。

和它所产生的蝇头小利相比,三聚氰胺给消费者的身体健康带来的危害,却是极其严重的:它很难被婴幼儿的消化系统代谢出去,反而会在肾脏中沉积,进而导致肾结石甚至肾衰竭的恶果。根据2008年9月公布的数据,至少发现了58名婴儿因为食用这种含有三聚氰胺的乳粉而出现了肾结石;在全国范围内,受害儿童多达数万人,甚至还造成数名婴儿死亡。

更可怕的是,这并不是三鹿乳粉的个别问题。当时,全国共有109家婴幼儿乳粉生产企业。在随后的抽检中,其中有22家企业生产的乳粉,被检出三聚氰胺严重超标。乳粉企业中违规的比例,超过了1/5,其中还包括了数家著名乳制品企业。这样的结果实在令人义愤填膺,难以接受。

案发以后,经过缜密调查和审理,本案中非法制造、销售三聚氰胺的首要分子张玉军、耿金平,犯销售有毒有害食品罪,被依法判处并执行死刑;三鹿集团的董事长田华,犯生产、销售伪劣产品罪,被依法判处无期徒刑;另有多名相关罪犯被判处有期、无期徒刑。同时,时任国家质量监督检验检疫总局局长的李长江引咎辞职;三鹿集团所在的石家庄市,副市长、市委书记被免职。而其他涉及生产超标乳粉的企业,也分别遭到了责令召回产品、取消荣誉称号、高额罚款等处罚。同时受到影响的,还有为之提供的鲜乳的乳牛养殖户:企业对鲜乳的需求下降,大量的鲜牛乳不得不直接倒掉,因而让众多的养殖户蒙受了严重的经济损失。

此案,直接引发了对婴幼儿乳粉的监管升级。随后,国产婴幼儿乳粉的生产环境要求、产品检测标准、市场准入审批,都比本案之前严格了很多。例如,2008 年 9 月,国家质量监督检验检疫总局宣布,对整个食品生产行业,取消“国家免检产品”制度;食品包装上的相应标识,全部即时失效。随后,还出台了《食品安全国家标准 粉状婴幼儿配方食品良好生产规范》(GB 23790—2010)。国家市场监督管理总局出台了《婴幼儿配方乳粉生产许可审查细则》等技术规范,在生产上加以严格的监管。理论上说,此案之后生产的国产婴幼儿配方乳粉,安全性是有可靠保障的,消费者可以放心购买。

然而,此事造成的余震,却并没有很快消失。广大消费者对于婴幼儿国产乳粉的信任瞬间跌至谷底,纷纷转向进口乳粉的怀抱。一方面,在随后的几年时间里,婴幼儿乳粉的进口量激增;另一方面,还有不少人去香港特别行政区等地抢购乳粉,再转卖牟利。而国产婴幼儿乳粉的市场份额则一再降低。在很长时间里,整个婴幼儿乳粉行业非但没有得到发展,反而有所萎缩。

在 2011 年 11 月,央视《每周质量报告》节目报道,在街头进行的随机采访中,超过 7 成的受访民众表示,更愿意选择进口乳粉。

在随后的十年时间里,尽管企业、政府都做出了巨大的努力,国产婴幼儿乳粉的市场占有率依然无法回到“三鹿事件”之前的水平,长期在低位徘徊。

国产乳粉

在 2019 年,中华人民共和国国家发展和改革委员会、中华人民共和国工业和信息化部、中华人民共和国国家卫生健康委员会等 7 个部委,联合发布了《国产婴幼儿配方乳粉提升行动方案》(发改农经[2019]900 号),对该行业的发展做出了长期规划。其中,就明确提出了一个行动目标:“国产婴幼儿配方乳粉产量稳步增加,更好地满足国内日益增长的消费需求,力争婴幼儿配方乳粉自给水平稳定在 60%以上。”由此,我们可以看出,对于国产婴幼儿配方乳粉而言,要恢复广大消费者的信心,依然还需要很长的一段路要走。

一家企业的食品安全事故,波及了整个行业,甚至在十多年后,不良影响依然存在。“三聚氰胺”的例子,给所有的食品工程技术人员敲响了警钟:做过一次坏事,毁掉的不仅是自己、是企业,还可能是整个行业,甚至还会损伤上下游的行业,后果是难以预料的,也是难以承受的。

正如习近平总书记指出的那样,食品安全关系到群众的获得感,“要切实加强食品药品安全监管,用最严谨的标准、最严格的监管、最严厉的处罚、最严肃的问责,加快建立科学完善的食品药品安全治理体系,坚持产管并重,严把从农田到餐桌、从实验室到医院的每一道防线。”(在中共中央政治局第二十三次集体学习时的讲话,2015 年)

而要做到这一点，就离不开食品工程的从业人员的食品安全意识和伦理水平的提高。

尽管这里头还包含了危机应对、宣传解释等技术上的问题，但最为根本的，就是要避免食品工程的从业人员违背法律和伦理要求，主动地去制造不安全的食品。因此，和其他的工程职业相比，食品工程的从业人员，更要加强职业伦理的建设，以免重现“三聚氰胺”式的悲剧，在历史上留下不光彩的一笔。

二、食品工业对人类发展的意义

显然，任何一个工业门类，对于人类社会的发展、进步都有积极贡献，无论是食品工业、纺织工业还是机械工业、计算机工业。然而，在人类社会漫长的形成、发展、转型过程中，食品工业起到了非常独特的促进作用，其意义十分重大。

1. 食品加工与人类进化

从食品化学的角度说，当食物被加热到一定的温度之后，其中所含有的淀粉就会发生糊化，蛋白质则会发生变性。而这两种现象，在人类开始使用“烹饪”这个技能之后，就随之出现了。

具体而言，人类的消化系统和食草动物相比是非常孱弱的。食草动物的肠道，如果全部拉直来算的话，大致是其身长的 9 倍以上；食肉动物则是 2~6 倍；而人类的肠道全长是 8.5m 左右，相应的比例大致就是 5 倍。这就意味着，人类在吸收食物中的能量的效率上要比食草动物弱很多。更极端的例子则是牛、马等动物，它们通过反刍行为，可以将吃到胃部的食物彻底利用，消化能力之强，是人类无法达到的。

同时，人类的肠道中，缺乏可以分解纤维素的微生物群落，所以人类不能利用纤维素所蕴含的能量。这就决定了人类无法以树叶、草茎为食，只能以富含淀粉、脂肪或蛋白质的食物，作为自身能量的来源。然而，在自然环境中，这三者显然都不是那么容易弄到的：采来的野果基本上都很酸涩，打猎更是要冒着巨大的风险。此外，多数野生动物的体内，都是带有寄生虫的，有些寄生虫还能通过消化道而感染人类（如猪肉绦虫），从而给人类的健康带来重大威胁。

更麻烦的是，如果部落成员齐心合力，打到了一头野猪、剑齿虎之类的大动物，倘若不能在一两天内迅速吃光，食物就会腐烂变质——而人类的消化系统，并不适合已经腐烂、变质的食物，非但会让人产生巨大的心理厌恶感，还会导致腹泻、中毒等严重后果，得不偿失。

而“加热”这个简单的操作，就可以同时解决上述几个问题。当淀粉糊化之后，人类对它的消化要容易得多；类似地，变性后的蛋白质也更容易被人类的消化道所吸收，转化为人体所需的氨基酸和能量。事实上，“消化”这个过程本身，也是需要消耗能量的，食物越是容易消化，消化所消耗的能量越少，则带来的“净收益”就会越大，让人类有更多的能量用于生存和发展。

同时，当人类把打来的肉类彻底烤熟、煮熟之后，其中的寄生虫、虫卵几乎都会被杀死，解决了吃肉的后顾之忧，保护了脆弱的人体——那个时候，人类还没有医学的帮助，一点小病都可能是致命的。也是这个操作，让人类永远地摆脱了食腐生物的范畴，维持了人类应有的尊严(自然界里,很多动物都是食腐的,仅存在经常吃还是偶然吃的区别)。

此外,在烹饪过程中,还有一个不太起眼的操作,同样起到了巨大的作用,那就是粉碎。

我们都知道,除了人类以外,自然界的其他动物,想要把食物变成适合自己吞咽的大小,能用的工具只有利爪和尖牙。(一些动物会利用工具取得食物,例如,海獭会用石块敲开贻贝,大猩猩会用树枝掏开蚂蚁洞,但这并不涉及食物本身的分割)然而,人类渐渐学会了利用工具,把大块的食物砍、切、削成小块,能够轻易地放进嘴里。这一进步,极大地降低了人类对牙齿咬合力的需求,从而让牙齿更容易保持上下对齐、对切咬合的形状,因而更容易发出唇齿摩擦音(例如 f 这个音),间接地促进了人类语言的形成和丰满。而语言之于人类社会的成型,特别是文化的出现,起到了至关重要的作用,这是无需赘述的。

此外,对于那些一时吃不完的肉制品,人类找到了加工的方法。把它们晒干、烘干,最好再用盐预先腌制,就可以长时间保存而不会腐烂、浪费。这就是所谓的脯、脩,也就是咸肉,和我们熟悉的腊肉很相似。当“肉干”这类形式的食物出现之后,人类利用肉类的能力就大大提高了。尤其是在难以获得食物的冬季,肉干就成了原始人类存续的有力保障,这是其他食肉动物可望而不可即的巨大优势。

综上所述,对食品进行广义的“加工”,在人类的进化过程中,有着积极的促进作用。而这种加工过程,本质上就是最原始的食品工业——把食物原材料,转化为更适宜食用、营养吸收更好的食品,也就是现代食品工业的雏形。

2. 食品加工与社会成型

在新石器时代之后的历史时期,食品加工变得更加精细化、专业化,对人类社会的成型,更是起到了明显的促进作用。

这其中最明显的,就是对美酒、佳肴的追求,间接辅助了社会分工的形成与推广,助力了城市和市民阶层的出现。

人类是什么时候开始有意识地酿酒的,如今已经很难确证,我们姑且就按照“杜康醉酒”的传说,是吃剩的粮食,通过自然发酵而产生了酒类,并被人类所发现。整个过程,纯粹就是“望天收”,并不需要人类过多的干预。实际上,最初的酿酒过程,往往是以个人或家庭作为单位来完成的,制作工艺简单粗糙,确实也没有什么技术含量可言。

例如,《诗经 · 小雅》中的“伐木”篇,曾如此写道:“有酒湑我,无酒酤我”,意思是说“如果你有现成的酒的话,就把它滤出来给我喝吧。没有的话,就去买点酒给我喝吧”。显然,这里所谓“现成的酒”,还只是个半成品,先要过滤掉固体的酒渣,才能给人饮用。这说明当时的人饮酒,还是以自家酿造的为主,作为商品销售的酒类尚不普及。

这里提到的“酒”,其实更适合称之为“醴”。其酒精含量通常都很低,大致类似今天的“醪糟”或“甜酒”、米酒之类,几个陶罐就是全部的生产设备。然而,随着酒类的消费量持续增大,酿酒逐渐成为一个非常专业化的事情,出现了雇工酿造的“酒坊”,其产量和品质,都显著超过了家庭作坊的时代,甚至有了酒类自己的品牌。在《旧唐书 · 德宗本记》中,就有“剑南岁贡春酒十斛”的记载。按照唐代的度量衡,1 斛等于 10 斗,大致就是今天的60L;十斛贡酒,大致就是今天的1200斤白酒。而这还仅是每年春季上贡给朝廷的部分,应该是总产量中很小的一部分——可想而知,这种酒的年产量,应该是非常巨大的,已经不可能是家庭作坊所能达到的规模了。

而在高度数的烈性白酒出现之后(按照《本草纲目》的记载,这大致是在南宋时期的事情),酒类的生产进入了一个更精细化、专业化、规模化的时代。因为高度数的白酒,需要通过蒸馏而获得;而蒸馏必然涉及到复杂的工艺选择,在尽可能地除去杂质(主要是一些小分子的杂醇之类物质,喝了容易导致头疼、胃疼)和保证较高的收酒率之间,找到一个适当的平衡点。此外,酿酒工艺的发酵过程,也越来越追求精细化,才能确保产品的一致性,形成自己独特的口感和气味。此外,蒸馏出来的酒度数太高,需要适当稀释,这还涉及酒的勾兑问题,那更是一套非常复杂的技术方案,无法用一两句话来简单地概括。

再后来,为了树立酒类的品牌,乃至于类型化的风格(如我们常说的酱香酒、浓香酒等),还需要对不同季节、不同原料的酒类生产进行调整,以确保酒类品质的长期稳定、可靠。这些要求加在一起,必然就要实现酿酒作坊的专业化、规模化、标准化经营。其管理和组织的程度之高,完全可以视为现代食品工业的雏形;其中参与酿酒的师傅们,往往是全职从事食品生产,且具有明确分工和独特技巧;他们就是最早的食品工程从业人员,也是早期的工人群体。

类似地,人类对菜肴的品质要求,促使了"庖人"这个职业的诞生,也就是专职从事烧菜做饭的人;我们熟悉的"庖丁解牛"的典故,主角就是一名战国时期的厨师。然而,要做好烹饪,仅靠娴熟的刀工、火工还是不够的,必须得有相应的佐料、调味品,才可能做出色香味俱全的好菜。

早在殷商时期,在制作"羹"的时候,就强调"五味调和"。这"五味"通常认为是指醢、醯、盐、梅、菜。在《吕氏春秋・本味》中,也有"调和之事,必以甘、酸、苦、辛、咸,先后多少,其齐甚微,皆有自起"。例如其中的"醢"指的是各种肉酱,而"醯"则是食用醋及其酸味;至于"盐"和"咸",则无疑是指的食用盐带来的咸味。"甘"则是我们都非常熟悉且喜欢的糖,以及它所带来的甜味。

然而,要获得这些调味品,古人所要付出的代价,远远超过今天。

例如,在《周礼・天官》里,提到过"醯人掌共五齐、七菹,凡醯物。以共祭祀之齐菹,凡醯酱之物",也就是说,在周朝的时候,醋是在祭祀等重大场合使用的调味品,有专门的官吏"醯人"负责制造、保管,可见其珍贵程度。

而到了春秋战国,醋逐渐进入寻常百姓的生活,但依然保持着"高级调味品"的骄傲。在《论语・公冶长》里,记录了一件很有趣的小事。邻居来找微生借点醋,但微生自己家里此刻也没有醋了,他只好转身再找别的邻居借了点醋,(装作是自家的醋)借给那个邻居。所以孔子说,"微生这个人啊,太拧巴了!"(子曰:"孰谓微生高直?或乞醯焉,乞诸其邻而与之。")可以看出,在孔子生活的年代,"醋"是普通的调味品,但并不像今天这样唾手可得,到吃饺子的时候,还得临时去邻居家借一点。而到了唐代,大规模的工业食醋已经被酿造出来,包括山西老陈醋等地方品牌,已经相当繁盛。甚至在一些地区,醋成了居民日常饮食中大量使用的调味料,其价格当然就不会很高。可见,工业化对于醋的普及,起到了极大的作用。反过来说,对于醋的追求,也唤起了酿醋工业的诞生。

而“盐”的历史,则更加体现了食品工业化的价值。和醋、糖不同,盐不仅是一种调味品,还是维持人体正常生理功能的必需品,无论贫富之人都得食用。而要满足成千上万的民众对于盐的要求,必然就要通过专业化、规模化的盐场,大批量地生产食盐。在《天工开物》中,记录了井盐、池盐、海水盐等种类的盐场。其中,提到了四川的井盐需要开凿深井,“大抵深者半载,浅者月余,乃得一井成就”,可见获取食盐所需的巨大劳力付出。类似地,海盐的制造也需要大量工人的参与,经过淋洗、熬煎等步骤,其中,熬盐用的炉灶,“多者十二、三眼,少者七、八眼”,则一个炉灶需要多少人昼夜不停地添柴烧火,可想而知。毫不夸张地说,如果不是有很多人专门从事食盐的获取,则普通百姓压根就吃不到盐,社会的正常秩序都无法保障。

至于“糖”的获得,中国古代先后经历了饴糖和白砂糖两个阶段。前者是让麦、稻、黍等粮食的种子润湿发芽后,取其芽进行煎熬而成,即麦芽糖;后者则是用甘蔗榨汁提炼而成,需要煎煮、凝固、水淋等步骤,才能把成桶的甘蔗汁变成黑乎乎的糖膏,再变成雪白的白砂糖,进而变成晶莹透明的冰糖。

在《天工开物》中,详细地介绍了冰糖、红糖和白糖三者的差异,完全在于制作工艺上的区别。并论述了工艺控制对白糖品质的重要意义。如果熬甘蔗汁时,火烧得不够旺,哪怕只是少了一把柴火,也会将糖熬成无法凝固的糖稀,再也不能变成白糖(“若火力少束薪,其糖即成顽糖,起沫不中用”)。而同样是冰糖,也根据其质量分为5个等级,“石山”为上品,“团枝”稍次,而“沙脚”为最下等,这完全取决于制作时的工艺控制水平高低。

因此,为了获得高品质的糖,势必就需要有专门的糖厂,由专门的工人,按照固定的工艺进行操作。古人这些观点,和今天的食品生产质量管理工程的原理,在逻辑上已经非常相似,都是通过重要步骤里的工艺关键参数来控制食品的质量。

简而言之,百姓生活中最常见的“五味”,实际上都需要一整套食品工业体系作为支撑。无论是醋、糖还是盐,都涉及大量的专用设备和加工技术,再加上无数技艺精湛的食品从业工人,才让古人的饮食生活变得丰富多彩。所谓“巧妇难为无米之炊”,正是食品工业的发展,为中华文明那绚烂的饮食文化,奠定了坚实的基础。

总之,正是食品工业的发展,在“衣食住行”这四个基本需求中率先突围,让一部分社会成员脱离了农业生产,专职从事工业产品的制造,进而萌发了工业化的雏形。同时,也在农业和商业之间搭起了一座座桥梁,让不从事农业生产的城镇居民,也能通过商人和“市”而获得高品质的饮食,在城镇化的进程和市民社会的形成中,都起到了积极的推动作用。

综上所述,食品工业在原始社会中,帮助人类更快地从自然界中脱离出来,把每天的时间更多地用于交流、创造,渐渐成为万灵之长。在原始社会中,又引导人类开始社会分工,在细分领域追求技术进步,促进市民社会和城市的成形。这些,都是食品工业对人类历史所做出的重大贡献,身为食品工业的从业人员,理所应当因此而感到自豪。我们所从事的职业,对于整个社会和国家而言,意义并不比任何一个高精尖的行业逊色。

第二节 食品工程伦理的底线

正如前文所述,无论在昨天、今天还是明天,食品工业对于社会的意义和影响力都是巨大的。正所谓"能力越大,责任越大",对于食品工程的伦理要求,也当然就严格而复杂得多。

在这些伦理要求中,可以细分为诸多小的原则。而其中的底线,也就是作为基础的原则,就是确保食品的安全。而此处所说的"安全",又包括了两个方面的内容:食品本身的安全性和食品供应上的安全性。

一、食品安全观的双重内涵

如今,一提到食品安全,无论是国家还是群众,都是相当的重视。当然,对于非专业人士而言,"食品安全"的定义,大多局限于"市场上销售的、吃到嘴里的食品,能否保证对人的健康没有危害"。而对于食品工程的从业人员而言,食品安全的内涵,就要丰富得多了。

1. 质量意义上的食品安全

其中,最容易想到、最容易理解的一种"安全",指的就是对食用者的生命、健康安全方面的保障。也就是说,食品工业及其从业人员,在按照其预定用途进行制作和食用的前提下,必须确保消费者在食用自己生产的食品之后,不会因此在生命、健康上受到损害。

而这一点,同时也是食品工程伦理学居于核心地位,同时也是最不容商量的伦理要求。食品工业的从业人员,应当尽一切努力,在食品生产的全过程中,竭力降低由食品给消费者带来的任何风险。

在人类社会中,尤其是现代化的社会里,很多事情都是伴有风险的。例如,以世界范围来看,高速公路上几乎每天都会发生致人死亡的车祸。类似地,在大部分药品的说明书里,也会仔细地告诉你,吃了这个药物可能产生的副作用、不良反应。甚至在参加马拉松、半程马拉松比赛时,所有选手还被要求签署一张《免责声明》,证明自己已经知道了这种剧烈运动可能带来的风险。这些做法都提示了可能存在的风险。尽管人类努力地降低这些风险的发生概率,但并不可能将其彻底消灭、降低为零。对此,人类选择了安然接受。开车照样要上高速,生病了依然要吃药,喜欢跑步的人还是会去参加各种马拉松赛事。这种"容许一定程度的风险存在并予以接受"的现象,就叫作"风险保留",我们将在后续章节中展开讨论。

然而,对于食品来说,各国的法律和社会共识,都是对风险极其厌恶的,极难接受食品中存在可察觉的风险;甚至连一些科学上认为并不存在的风险,也会有人深信不疑(例如,有人相信柿子不能和螃蟹一起吃,否则可能中毒;有人认为牛乳是给牛喝的,不适合人类饮用,否则会提高罹患心脏病、癌症的风险,甚至将其称为"21 世纪的最大骗局")。

这种态度,虽然包含了一些夸张的成分,但整体而言是合理的。这是因为食品最大的特点,就是它的不可替代性。没有多少人,可以做到连续几天不吃饭,因此,人们实际上没有多少选择。

同时,一个成年人每天吃下去的食物,总量都是以“斤”为单位的。以食品毒理学的术语来说,这就是每日摄入剂量很大,而且还是长期摄入(几年甚至几十年),而两者所产生的效果,是相乘的关系。因此,哪怕食品中只包含了很小的危害因素,但经过日积月累,也会被时间放大,从而给人类健康带来极大的风险。

再者,现代食品工业的辐射范围很广。一个工厂生产的食品、食品原料,能够非常轻易地扩散到一个省份、整个国家甚至世界各地,因此而受到影响的消费者,往往数以百万计。

例如,2011 年 5 月,我国台湾地区的质量监督管理部门,在日常抽检中意外发现,某一款食品中含有塑化剂邻苯二甲酸二(2-乙基己基)酯(DEHP),它通常只用来制造那些不和人体、食品发生接触的塑料器件,是绝对不该出现在食品之中的。

在随后的追溯调查中,监管部门发现,罪魁祸首是一家名为“昱伸香料公司”的食品添加剂生产厂家。为了降低成本、牟取暴利,该厂家把 DEHP 加入乳化剂(一种食品添加剂,台湾地区称之为“起云剂”),再将乳化剂卖给多个食品生产企业。而 DEHP 对于人体有较大的生殖毒性,有损男性生殖能力,并可导致女孩性早熟,对人体健康的危害相当严重。

最终的调查结果表明,这种含有 DEHP 的乳化剂,在长达 30 年的时间里,被卖给了岛内 200 多家食品企业。这 200 多家企业在不知情的情况下,又把含有这种乳化剂的有害食品,卖给了许多消费者。在这 30 年间,究竟有多少儿童因此出现发育异常甚至生殖能力受损,已然是无法算清了。随后,赖俊杰等 3 名直接责任人,分别被判刑 12~18 年,为自己的行为付出了应得的代价。然而,这次“塑化剂事件”,对公众健康造成的巨大损害,已经无可挽回。

当然,在这个例子中,DEHP 是该公司的管理人员故意加进去的,属于食品工业中极为罕见的恶性掺假行为。但是,我们也能从中看出,一个食品上的安全风险,可以造成极为庞大的受害者群体,其损害能持续一代甚至几代人的时间,后果如此可怕,怎能掉以轻心?

因此,在食品工程伦理上,保障食品本身的质量和安全,被视为最基本也是最坚定的原则。这不仅是法律、法规的要求,也不仅是质量管理体系的目标,还应当是深刻植根于食品行业每一个从业者的意识中的底线,贯穿于食品生产的全过程之中,时刻不能松懈。

2. 供应意义上的食品安全

1974 年,联合国粮食及农业组织召开了“世界粮食大会”,并通过了《世界粮食安全国际约定》。其中,首次提出了“食品安全”的概念:“保证任何人在任何时候都能得到为了生存和健康所需要的足够粮食”。而在 1983 年 4 月,时任联合国粮食及农业组织总干事的爱德华·萨乌马(Edouard Saouma)指出,食品安全应该是“确保所有的人,在任何时候,都能买得到、也买得起所需要的基本食品”。

这里说的,就是食品安全的第二层定义:在食品供应上,实现充分、可靠的供给,以确保在任何时候,广大群众的食品需要都能够得到满足,不仅免于饥饿,还能实现食物的营养良好。

我们不妨从萨乌马的这句话中,来解释食品安全的第二层定义:

首先,保障的范围是"所有人",即至少应该包括本国的全体国民,而不是仅保障其中一部分人。事实上,在相当长的历史时期里,各国都把食品供应的重点放在了城市,特别是中心城市、大城市和都城,对广袤的乡村地区的食物供应,则基本依靠其自身的供应能力。一旦遇到严重的灾害或战乱时,这种模式就非常容易崩溃,甚至发生大面积的饥荒。在新中国成立前,"黄泛区"在历史上就发生过很多次这样的悲剧。这种事情,完全违背了社会公平和人道主义的要求,在当代的食品工程伦理中,是绝不允许出现的。

同时,"所有人"的意义,还包括有特殊需求的人群的额外重视。例如,婴幼儿、少年儿童、孕妇、糖尿病患者、高龄老人、消化能力弱的患者等,在营养需求上各有侧重,且饮食模式、偏好可能都与普通人区别极大。食品工业的从业人员需要在产品的开发、生产工程中,尽可能地考虑到这些特殊群体的诉求,结合他们的实际情况,尊重他们的心理感受,让他们也能充分地享受饮食的快乐,获得必要的营养。

其次,保障的时间是"任何时候",也就是说,无论国内外环境发生什么变化,或是气候、经济的大形势如何,也不管粮食价格如何波动,或是产业政策调整,作为食品工程的从业者,都有义务尽最大努力,保障全体国民的食物供应充足;同时,也要努力促进全民的饮食结构合理、营养适当,为全体国民的身体健康提供助力。

第三,是"买得起"。也就是说,免于饥饿、营养充足,是默认每个人都应该拥有的权利,绝不是只有一部分精英人士才能享有的特权。因此,食品工业的一个努力方向,就是确保食品的价格,处于绝大多数人都能够承受的范围,而不是追求那种近乎奢侈品的天价食品。当然,这并不是说,生产一些昂贵而精美的食品有什么错误,但至少不应该成为一种普遍的现象,更不该是食品工业努力的方向。

最后,是"买得到",也就是食品的供应、分发渠道应该是畅通无阻的。

在农业生产本身运行正常的前提下,一旦食品工业出了问题,也完全可能影响到食品的正常供应。例如,在疫情蔓延之后,因为诸多食品加工厂停工,美国出现了罕见的鸡肉短缺的现象,2021 年 8 月,美国的鸡肉供应同比下降了 20%,造成包括肯德基在内的很多美国的餐厅,都不同程度出现了"无鸡可炸"的窘境。

这是粮食安全的第二层定义中,对上述三点要求的概括,也被称为食品的可及性。

当然,为了实现这个目标,首先必须有一个安定的国内环境,其次主要依赖于农业生产上的发展和改革,但食品工业对此也非常重要。尤其是对于那些区域性、多发性、长期性的营养不良问题,从食物方面进行干预(如提供特定营养素强化的食品),是一种可行而高效的方案。

总体来说,食品的安全观,实际上包含了这两大部分:食品工业所生产出来的食品,能够可靠、充分、全面地满足绝大部分群众的需求。并且能够保证,在合理食用的前提下,这些食物不会给消费者带来健康上的风险与压力。只有把这两个要求都满足了,才算是真正的食品安全,也才是真正保障最广大范围内的生存权和发展权。

二、食品可及性的挑战

那么,要确保食品的可及性,除了社会环境和农业方面的努力,还有哪些影响因素呢?

在上小学时,我们都见过一类应用题:一个水池,长宽高分别为多少米;然后用一根水管往里面注水,水管直径是多少厘米;另一根水管则在往外排水,水管直径又是多少厘米。提问:当两根水管都打开时,多少时间后,水池的水位,能达到池子高度的一半?

对于这类题目,相信各位读者都曾觉得相当困惑:为什么要一边进水,一边排水呢?如果把排水的水管先关闭了,岂不是更快完成蓄水吗?

而长大之后,这个问题就有了很多的现实意义。例如,一边是每个月的工资收入,另一边则是要支付的各种账单,计划不周就可能入不敷出;而增加收入,就可能留下一些积蓄。而在食品可及性的领域,同样也可以用这个"一边进水,一边排水"的模型来解释。

在食品供应这个巨大的"水池"中,进水管就是食品的生产,出水管就是食品的消费。显然,当食品的生产速度远远大于食品消费的速度时,食品的供应就是安全的;反之,则是食品的供应不可靠,甚至是处于危机边缘的状态。

而这两个方面的问题非常复杂,包括了土地问题、饮食结构问题和国际贸易问题等诸多影响因素。

1. 土地和人口的矛盾

实际上,要确保充足的食品供应,大致上就有 3 个途径:提高单位面积上的粮食产量,扩大种植面积,寻找新的食物来源。

然而,一个不争的事实是:在第二次世界大战之后,许多国家都加快了城市化的步伐。也就是说,越来越多的农村变成了城镇,耕地变成了建筑、交通用地。对此,相信每位读者都会有感受。工作学习之余,站起身来放眼周围,几乎不太可能看到农田了。本书作者所在的高校位于成都市郫都区红光街道。20 年前,此处还是个稻香遍地的农业小镇,如今只能见到钢筋水泥的森林和硬化的马路。此外,在退耕还林、退耕还草、涵养水源等政策的指引下,一些曾经被人为开荒产生的耕地,也渐渐恢复了林地、草地、滩涂的本来面目。这些因素都造成了农业用地总量的减少。

目前,人类的粮食绝大多数都来源于耕地。尽管很多国家和地区都在尝试进行无土栽培(用营养液代替土壤,用人工照明代替阳光,在沙漠或者室内种植),但其生产成本太高,在可预见的未来,是无法代替传统的种植方式的。

因此,尽管有土地整理、土地恢复等扩大耕地面积的措施,但对今天的人类而言,耕地总量减少,已经是一个不可逆转的现实。正因为如此,我国才反复强调必须切实保护耕地,守住红线;同时,还必须确保耕地中的绝大部分,被用来种植粮食作物。

与耕地日渐减少相对应的,则是人口数量的持续增长。1927 年,世界人口达到了 20 亿,而今天的世界人口早已突破了 80 亿,100 年不到,就增长了近 3 倍之多。显然,在这个时间跨度上,土地尤其是耕地的总量,是不可能增长 3 倍的。

实际上,在 200 多年前,清代的洪亮吉(1746—1809 年)就意识到了这一点。在他的著作《治平篇》里,就强调了土地和人口的矛盾:"一人之居,以供十人而不足,何况供百人乎！一人之食，以供十人已不足，何况供百人乎！止吾所以为治平之民虑也。”

同时，还必须注意到，在人口增长的同时，随着营养结构和消费水平的改善，人均实际的粮食消费量是同步增长的。“忙时吃干，闲时吃稀”的古老说法，如今肯定无人理睬。而食品的精细加工，又会导致真正供食用部分的比例下降。例如，在碾米时，所磨掉的部分会比古代更多一些，以追求大米颗粒的晶莹透亮和口感软糯，也就是得到“精米”而不是糙米。择菜时，人们往往会把甘蓝外层已经蔫黄的叶子、蒜薹根部较硬的根茎都多扔掉一些，以追求菜肴的口感脆嫩。这些做法无可厚非，但客观上也进一步加快了粮食需求的增长。

综上所述，随着社会经济的发展，人口随之而迅速增长，耕地却相应地逐渐减少，在这一增一减之间，两者的缺口自然也就越来越大。这就是食品可及性要面临的第一个，也是最根本、最艰巨的挑战。

对于未来的食品工程师而言，千万不要因为我国的粮食供应非常稳定，就忽略这种挑战的存在。实际上，这个挑战仍会不时显示它狰狞的面目。联合国阿富汗人道主义协调员拉米兹·阿拉克巴罗夫曾公开发出警告，联合国在阿富汗地区分发的粮食库存，在2021年9月底耗竭。倘若外界不能及时施以援手，则可能会出现大面积的饥荒，后果相当严重。

从这个例子也可以看出，食品的可及性问题并非已经解决完毕，可以高枕无忧了，反而随时可能成为人类真正的麻烦。引用一句近年来很流行的话，“我们并非生在一个和平、稳定的时代，只是生在一个和平、稳定的国家。”

2. 饮食结构升级的挑战

(1)肉蛋乳的价值　我们都知道，人体所需的三大营养素，分别是蛋白质、碳水化合物和脂肪。而人体要合成自身所需的蛋白质，最重要的原料来源，就是从饮食中摄入的蛋白质。尤其是8种必需氨基酸，人体不能合成或合成不足，故而只能从食物中摄取。毫不夸张地说，如果没有足够的蛋白质摄入，人体的正常生理活动都会受到严重影响。

而食物中的蛋白质，根据其来源不同，又可以分为植物性蛋白质和动物性蛋白质，两者并不能互相替代，且动物性蛋白质的意义更为重要。

例如，在中国营养学会发布的《中国居民膳食指南》(2022年版)中，建议成年人每天的饮食之中，应当包含：谷薯类250~400g、禽畜肉40~75g、水产品40~75g、蛋类40~50g、乳及乳制品300~500g，大豆及其制品25~35g。

从这个指南中来看，哪怕按照推荐摄入量的下限来算，肉蛋鱼加起来的总量，每天也需要达到120g，这已经是谷薯类的摄入上限400g的近1/3(当然，这里说的是谷薯类食品的干重，在被做成米饭、馒头、面条、烤红薯之后，相应的湿重，大概会增大2倍)。而按照上限来算，肉蛋鱼的每日摄入总量是200g，达到了谷薯类的一半。再考虑那300~500g的牛乳及乳制品，可以看出：按照我国均衡饮食结构的推荐意见，在餐饮中摄入足够的动物蛋白质，是非常有必要的。

这样的饮食结构，本书的读者中恐怕有相当大的一部分是做不到的。实际上，当本书的作者们第一次认真地计算这个膳食结构宝塔时，也颇有些惊讶。这是因为在我们传统的饮食习惯中，将饮食划分为“饭”和“菜”两个部分，或者说“主食”和“副食品”；而饭多菜少的组合,常被视为理所当然。这或许跟历史传统有关,更多的是和生产力的发展水平有关。毕竟,能让全体国民敞开吃肉蛋乳的时期,在历史上相当少见。

例如,在《曹刿论战》中,就有"肉食者谋之,又何间焉"的句子。在《孟子》中,也曾提到"鸡豚狗彘之畜,无失其时,七十者可以食肉矣;百亩之田,勿夺其时,数口之家可以无饥矣。"这些文献都说明,在相当漫长的历史时期之中,吃肉被视为一种近乎奢侈的行为,甚至是贵族才拥有的特权,或者是对长者的一种特别优待。普通的百姓,应该是以米、面、黍等碳水化合物,作为食物的主要部分。

然而,必须强调的是,在人体的生理活动中,各种蛋白质是不可缺少的物质基础。日常饮食中对蛋白质的适量摄入,对于保持身体健康非常重要。

而摄入蛋白质的意义,对生长发育中的青少年则更为明显。具体而言,营养学的通说认为,蛋白质缺乏可能导致发育迟缓,而膳食蛋白摄入量和身高呈正相关。也就是说,对生长发育阶段的少年儿童而言,能否摄入足够的蛋白质,直接影响到了他们的身高和肌肉量。显然,身高和体格,都影响了个人的身体素质。放大到整个国家,则是全民的身体健康状况。如今的小朋友,普遍更高、更强壮、更健美,饮食条件的改善功不可没。

按照食品营养学的观点,不同种类的食物中,含有的蛋白质的类型也不同。其中一些蛋白质,很容易被人体吸收、利用,同时含有的氨基酸种类比较全面;另一些蛋白质,则相对较难吸收,含有的氨基酸种类也较缺乏。容易被吸收的,就统称为"优质蛋白质",主要包括鱼、虾、瘦肉、鸡蛋、乳制品和大豆蛋白;而我们大量食用的米、面中包含的蛋白质,不仅含量较低,也不是优质蛋白质,在营养价值方面,不能代替肉蛋乳的作用。

实际上,对于蛋白质的渴求,已经近乎人类的本能。班纳特法则(Bennett's law)就指出,在家庭收入明显提高之后,人们就会逐渐放弃以淀粉为主的单一饮食结构,转而接受营养价值更高、种类更丰富的饮食结构,注重肉蛋乳,水果和蔬菜的均衡搭配。这条定律,是由美国经济学家玛瑞克·班内特(Merrill K. Bennett),在1941年提出来的,他将这种现象,概括为"淀粉-主食之比"(starchy-staple ratio)的降低,也就是肉蛋乳所占比重随着收入的提高而增加。

综上所述,对于人类,特别是处于生长发育期的青少年而言,肉蛋乳这类食物,营养价值是非常重要的。提供足够的优质蛋白质,不仅是对他们的健康成长有好处,更关系到整个民族的未来。

正是基于这种考虑,2000年,中华人民共和国教育部、中华人民共和国卫生部等8个部委,联合下发了《关于实施国家"学生饮用奶计划"的通知》,在全国分阶段推进为小学生提供免费牛乳的工作,把少年儿童饮用牛乳作为国计民生的大事来对待,其意义可见一斑。这也足以证明,肉蛋乳及其优质蛋白质在饮食结构中的地位。

(2)肉蛋乳的代价　然而,另一个客观事实是:想要获得肉蛋乳,是需要付出代价的:这个代价,就是所谓的"肉粮争地"问题。

以现在的科学技术而言,要获得肉蛋乳等食品原料,几乎唯一的途径就是饲养相应的动物。尽管"人造肉"已经上市销售,但无论是其口感还是价格,都无法和真正的肉类抗衡。而要饲养动物,就必须花费饲料和时间。显然,无论是猪、牛、鸡、羊还是鱼,都没有凭空合成蛋白质的能力,它们同样需要从饲料中摄入蛋白质,并利用其中的氨基酸。

同时,养殖是一个能量高度耗散的行为。从生物化学上说,哺乳动物要保持自己的体温恒定以进行日常的生理活动,都必须消耗一定的能量。而这部分能量,当然是无法转化为肉、蛋、乳的。也就是说,我们投入 1kg 的饲料,并不能得到 1kg 的肉蛋乳;相反,能得到几分之一重量的肉蛋乳,已经是很不错的收获了。要理解这一点,想想我们自己就明白了:我们从小到大,吃掉的饭菜加起来,总重量高达数吨,可绝大多数人的体重,显然不到 100kg。我们吃掉的食物,绝大多数都用于产生热量、维持体温,然后耗散掉了。

而饲料的最主要来源,当然就是各种植物,特别是富含蛋白质的植物及其制品。抛开饲料和肉蛋乳的价格差异不谈,至少有一个问题是无法克服的。种植这些饲料,需要一定面积的土地,而土地特别是耕地的总面积,永远是有限的。拿来种植饲料的土地多了,用于粮食种植的土地必然就少了。相应地,这些土地上生产出来、供人类食用的粮食,也会随之减少。

这就是所谓的"肉粮争地"的问题。正因为如此,有些人激烈地反对食用肉蛋乳,提倡素食主义,甚至有人认为,食用肉蛋乳就是在破坏自然环境,就是增加碳排放,是对地球不友好的表现。

(3)对肉蛋乳的态度　那么,食品工业,究竟该不该以肉蛋乳作为原料,去升级、改善群众的饮食结构呢?

本书作者认为,这个答案是毫无疑问的:当然应该。

首先,正如前文所述,足够的蛋白质,特别是优质蛋白质的摄入,有利于提高人口的身体素质,促进健康水平的增长。显然,社会发展、技术进步的最终目的,是提高人类的福祉,让更多的人都能享有健康、丰富的饮食结构。对于人类命运共同体而言,没有理由让后发展起来的国家、民族,就持续保持贫困、窘迫的状态——让尽可能多的人,能吃上肉蛋乳,本身就是一种最大的正义和公平。以牺牲本民族的福祉和未来为代价,削足适履地保护环境,放弃对饮食结构的改善——这显然是不可能得到广大群众认可的。甚至可以说,这种做法是对整个民族的背叛。

实际上,对于养殖业中的能量耗散、肉粮争地问题,仅依靠"少吃肉"是没法解决的。正确的思路,应该是通过科学技术的发展,追求效率更高的规模化、集约化养殖,尽可能地提高饲料的利用效率,开发新的饲料来源。例如,青贮饲料,就是将粮食生产中的废弃物,如玉米秸秆、番薯秧、高粱秸等人类不食用的部分,和牧草混合后,再加入制糖工业的副产品糖蜜、甜菜渣,经过微生物发酵的过程,就变成了营养价值高、牲畜喜欢食用的优质饲料。这种思路,既减少了这些废弃物处置带来的污染,又解决了饲料的来源问题,称得上是积极解决问题的好思路。当然,在执行层面,要严格区分可食用部分和不可食用部分,以免出现浪费粮食的错误。

当然,这并不是说,为了满足人民群众对肉蛋乳的需求,就可以不考虑对生态环境的影响。正确的解决之道,恰如习近平总书记指出的那样,"前进道路上,我们必须围绕解决好人民日益增长的美好生活需要和不平衡不充分的发展之间的矛盾这个社会主要矛盾,坚决贯彻创新、协调、绿色、开放、共享的发展理念,……努力实现更高质量、更有效率、更加公平、更可持续的发展。"(在庆祝改革开放 40 周年大会上的讲话,2018 年)这是对食品工程从业人员的宏观要求,也是食品工程伦理的一个高度凝练的表述、一个努力的方向、一个研究的基调。

总而言之,国民的饮食结构调整、升级,是社会发展的必然要求,也是提高人口素质的合理途径。为此,需要农业和食品工业共同努力,依靠科学技术的进步,统筹考虑环保与发展,实现高质量的发展,满足人民群众的物质文化需求。在这个过程中,食品工业的从业人员大有可为。

三、粮食自给与食品安全

在食品的可及性中,还有一个重要的问题常常会被忽略——粮食的自给。

今天的世界,国际贸易是一个常见而重要的经济手段。没有哪个国家可以完全摆脱国际贸易,关起门来过完全自给自足的生活。毕竟,每个国家的资源和优势都不尽相同,利用国际贸易互通有无,往往能够增进双方的利益,提升全民的生活水平。

在食品供应方面,进出口也是一个很重要的途径。特别是那些具有明显产地优势的农产品和食品原料,如加勒比地区的香蕉、巴西的白砂糖、俄罗斯的牛肉等。它们在价格和质量上都有相对优势。更重要的是,能够弥补国内庞大的需求量缺口。正如前文所述,满足人民日益增长的物质文化需要,就是食品工业的努力方向。而通过进口农产品、食品原料来生产符合人民需要的食品,当然是合理的做法。

同时,进口农产品,也是缓解人地矛盾、肉粮矛盾的一种途径。种植需要土地,而土地是有限的。从这个意义上说,选择适当的农产品进口,也相当于储备了国内的耕地面积,能让耕地更多地用于主粮的种植。

1. 粮食自给的意义

然而,鼓励农产品进口的同时,依然必须坚持一个底线,那就是粮食自给率。

从字面意义上说,粮食自给率,就是一个国家或地区,在一定的时间长度内,能产出的所有粮食与消费掉的粮食之比。小于100%,则说明需要进口粮食;大于100%,则说明可以对外出口粮食。通常来说,当讨论到一个国家的粮食自给率时,一般特指口粮的自给率,包括小麦、大麦、水稻、玉米等作物。

1994年,美国经济学家莱斯特·布朗(Lester Brown),写了一本书,引发了国内外的热烈讨论。书的题目就叫作《谁来养活中国》(*Who will feed China*)。和大多数同时代研究中国的作品一样,这本书中不乏各种对中国的偏见和臆测,但其核心的观点,还是非常有意思的。该书认为,到2030年时,中国的人口数预计将达到16亿左右,每年消耗的粮食则至少是6.5亿吨;而以当时中国的粮食产量来推算,根本无法满足这么巨大的需要,必然要从其他国家进口粮食;每年的粮食供应缺口,高达3.7亿吨左右。而如此庞大的需求,已经远远超过了国际贸易中交易的粮食总量。所以,布朗提出了这个惊天之问:到那个时候,谁来养活中国?谁能养活中国?

当然,我们已经知道,他的猜测并没有成为现实,反而成了一个笑话:长期以来,我国的粮食自给率一直保持在90%以上,并没有依靠外国的粮食来养活中国。但反过来说,这本书也给我们提了个醒:粮食自给,直接关系到一个国家和民族的命运;把希望寄托在粮食进口上,是非常不安全、不可靠的做法。

2020年,在新型冠状病毒肺炎疫情席卷全球的时候,非洲又出现了的严重蝗灾,许多国家都面临粮食短缺的风险。于是 2020 年 3 月,越南宣布禁止大米出口;4 月,哈萨克斯坦禁止包括小麦、白糖、葵花籽油等 11 种农产品出口(它是世界几个主要的小麦出口国之一);随后,俄罗斯宣布对小麦、黑麦等农产品采取限制出口措施;埃及决定暂停大豆等农产品出口 3 个月。

而在 2022 年 3 月的俄乌冲突中,乌克兰的粮食出口出现了断崖式的滑坡,小麦期货价格陡涨 40%,更是创下了 14 年的新高,这让全世界都为之捏了一把汗。2022 年 7 月,联合国秘书长古特雷斯,在"应对全球粮食危机高级别会议"上发言表示,"今年世界面临着发生多起饥荒的真正风险,而明年可能更糟。如果现在采取行动,世界可以避免这场灾难。"

这种呼吁,并非杞人忧天。2022 年 7 月,由联合国粮食及农业组织、世界粮食计划署和世界卫生组织联合公布了《2022 年世界粮食安全和营养状况》,其中的结论令人伤感:"2021 年有 8.28 亿人受饥饿影响,较 2020 年增加了 4600 万,较 2019 年增加了 1.5 亿。……全球近 9.24 亿人面临严重粮食不安全状况,两年间增加了 2.07 亿。"

显然,人类的粮食供应,至今依然没有达到足够安全的程度,甚至无法保证所有人吃饱的最基本目标。面对天灾人祸,危急关头,各国当然会选择优先满足本国国内的需求,并限制粮食、农产品出口。所谓的"自由贸易"精神,并不能抵消各种出口禁令。得益于我国连年丰收,粮食储备充足,否则在各国都限制粮食出口的大环境下,中国又去哪里买粮呢？届时,即便有国家肯卖给我们,也必然会是奇货可居,价格高昂,普通人难以负担？

用一句话总结,要保证中国人有饭吃,还得靠中国人自己。

2. 生物多样性和食品来源多样性

除了努力确保粮食自给之外,保护粮食作物的生物多样性,也是一个非常重要的伦理问题。

所谓生物多样性,体现在食品工程领域,就是食品原料(包括农作物和畜牧产品)的来源,应该尽可能地丰富多样,而不是把宝都押在一两种特别优良的作物身上。哪怕是看起来不那么优秀的品种,仅是为保存其基因,保护生物多样性,也有必要尽可能地予以使用。

在这方面,人类有过惨痛的教训。一个就是我们在第三章中提到过的大麦克香蕉的例子,另一个则是爱尔兰大饥荒,其后果之严重、场面之凄惨,至今依然让人后背发冷。

没有听说过这个事件的读者,可能会以为这是特指某一年在爱尔兰发生的饥荒,但实际上并非如此。爱尔兰大饥荒(Great Famine of Ireland),是从 1845 年持续到 1851 年,长达六年的灾难的总称。

而这起大饥荒的开头,甚至很像是一个祝福:马铃薯从新大陆被引入欧洲之后,一度曾经被轻视,甚至被视为"只有穷鬼才吃的食物"。然而,在 18 世纪中期之后,马铃薯开始被欧洲国家全面接受,在人口的爆炸性增长中贡献颇大。因为这种农作物,对土地不挑剔,产量又很可观,加工成食品也很容易,所以就被迅速地推广开来。实际上,这也是一件根本没有选择的事情:1780 年,爱尔兰的人口大约有 400 万人;到 1845 年时,人口已经翻了一倍,达到 800 万人。倘若依靠种植小麦、大麦,这新增的 400 万人就没法填饱肚子。而马铃薯的出现,就像是雪中送炭,有效地缓解了这个矛盾。

到大饥荒发生之前,据说,爱尔兰人的主食之中,马铃薯的比例高达八成以上,有 300 万以上的自耕农,是靠马铃薯来填饱全家的肚子的。也就是说,爱尔兰人此刻已经对马铃薯高度依赖。

1845 年,一种叫作“晚疫病”的植物病害,悄然袭击了爱尔兰的土地,直接导致当年的马铃薯减产四成,瞬间就造成了极大的饥荒。更严重的是,爱尔兰人并没有意识到问题的根源,甚至他们并没有清理干净前一年烂在地里的马铃薯,并在次年继续种植马铃薯。

于是,这些马铃薯里残留的真菌,在 1846 年迎来了大爆发,马铃薯减产达到了惊人的九成,很多土地甚至绝收。在 1847 年,情况有所好转,让爱尔兰的农夫们又看到了希望;但在随后的 1848 年、1849 年,晚疫病卷土重来,马铃薯又出现了绝收的灾难性结果。当地的马铃薯价格直接涨了十倍,普通民众难以负担。整个爱尔兰,从城市到乡村,随处可见饿殍哀嚎、路有枯骨。

而当时作为宗主国的英国,并没有及时施以援手,而是隔岸观火。例如,维多利亚女王,以皇室的名义,仅向爱尔兰捐赠了区区一万美元。虽然当时的一万美元并不算少,但对于饥饿的爱尔兰来说,显然就是杯水车薪。更诡异的是,随着英国《谷物法》的废除,爱尔兰的农场主觉得有利可图,反而开始向英国出口小麦等粮食,让爱尔兰本地的粮食价格继续上涨,饥荒变得越发严重。

等到这场大饥荒终于结束时,爱尔兰的人口已经从高峰时的 800 万人,锐减至 490 万人。其中,有近 200 万人背井离乡,逃荒去了北美;还有 110 万人,直接或间接地死于饥寒交迫,永远地留在了那个没有马铃薯的冬天。

这场疯狂而悲惨的大饥荒,对爱尔兰、英国甚至整个欧洲,在政治上的影响都是深远的,改变了当时的世界格局。而对于食品工业的从业人员来说,它留给了我们一个用 110 万条生命换来的巨大启示:

生物多样性,或者说丰富、多样的食品来源,是一个国家、一个民族得以抵御各种风险,确保自己能够生存的必要条件。正如习近平总书记指出的那样,“生物多样性使地球充满生机,也是人类生存和发展的基础。”(在《生物多样性公约》第十五次缔约方大会领导人峰会上的讲话,2021 年)

它同时也提醒我们,要确保食品供应的安全性,最基础、最重要的立足点,依然只能是本国的食品生产能力:把希望都寄托在国际市场上,依靠“买买买”来解决食品的供应,是一件非常危险的事情;一旦出现天灾人祸,整个民族就可能遭遇到灭顶之灾。

此外,在最近爆发的“俄乌冲突”中,直接后果就是俄罗斯的化肥出口严重削减,乌克兰的粮食生产受挫且出口受阻,给全世界的粮食稳定供应都带来了极大的影响。历史又一次证明,关注粮食供应安全,并不是杞人忧天。

从上述这些例子中,我们不难看出,食品的供应安全,究竟是何等的重要。粮食供应的安全,正是国家安全、社会稳定的基石。一旦粮食供应出现短缺,给国家带来的风险是巨大的、难以控制的。“齐纨鲁缟”的故事,就是一个很好的例子。美国前国务卿基辛格有言:“谁控制了石油,谁就控制了所有国家;谁控制了粮食,谁就控制了整个人类。”说的还是颇有道理的。

因此,正如习近平总书记指出的那样,“中国人的饭碗任何时候都要牢牢端在自己手上。我们的饭碗应该主要装中国粮。”(《习近平关于国家粮食安全论述摘编》)食品供给安全,关系到民族的兴衰、存亡,是食品工程的从业人员,必须时刻牢记的重要问题。而确保中国人的饭碗里,既有饭又有菜有肉,就是我们每一个食品从业人员的神圣职责,也是食品工程伦理中的一个基础性的要求。在这方面,不久前刚刚仙逝的袁隆平老先生,就为我们树立了一个光辉的榜样。

3. 食品工程人员的相应职责

那么,具体而言,对于食品供给安全问题,食品工程的从业人员,又有哪些方面可以付诸努力呢?

首先,从食品工程伦理学的角度而言,在处理食品工程的任何问题时,应该从食品可及性的角度考虑,它对于我国的粮食自给和食品供应安全,会产生积极还是消极的影响?

例如,生产这种食品所需的原料,是来自国内,还是主要依赖进口?如果它目前依赖于进口,那能否在国内找到相应的替代品?如果国内已经有替代品了,为什么没有采用?是为了追求更好食品的质量,还是纯粹是为了宣传产品“采用进口原料”,作为噱头?

或者,在生产某些食品时,倘若它需要消耗大量粮食,而利用率又很低的话,那就应该考虑改进工艺措施,或是综合利用生产的废弃物,减少粮食的浪费,提高其利用效率。类似地,如果某种食品在消费者食用过程中,很多可食用部分通常都会被消费者丢弃,那食品工程的从业人员就应该找出原因,并努力加以应对。

其次,涉及将食品原料用于非食品用途的场合时,食品工程的从业人员,应该万分小心,综合考虑其必要性,并尽可能地寻找非食品原料,或是采用原料中的不可食用部分作为替代品,避免伦理上的风险。

这方面,就有一个很有争议的例子:利用玉米、小麦、甘蔗等粮食中含有的淀粉和糖分,通过发酵工艺来制造乙醇(酒精),进而作为生物柴油的一部分。美国官方相信,这种柴油不是来自于化石能源(石油、天然气等),所以是“绿色环保”的,加以各种补贴。最高峰的时候,美国生产的玉米,有 40% 被用于制造生物柴油。然而,另一个可怕的事实是:玉米、小麦、甘蔗,都是可以用来制作食品、填饱肚子的,而全球范围内的粮食短缺问题,从来就没有停止过。

例如,联合国粮食及农业组织在 2021 年 5 月发布的《全球粮食危机报告》,就明确指出:“2020 年,冲突、新冠疫情等种种原因对经济的冲击、极端天气导致至少 1.55 亿人陷入重度粮食不安全状况,比上一年增加了 2000 万人。”其中,“在 38 个国家/地区,至少还有 2800 万人面临紧急状况级别的重度粮食不安全,这意味着他们离饿死只有一步之遥。”

显然,如果把这些用于制造柴油的玉米从中匀出一部分来作为救济粮送往上述粮食短缺的地区,就可以有效缓解当地的饥荒。然而,从法律上说,这并非强制性义务。美国也没有动力去援助“饥饿的非洲”。能约束或是调整它的,只有依靠从业人员的职业伦理:吃饭和开车,绿色环保和免于饥荒,到底哪一个更重要?

粮食安全问题

这个问题,就留给读者们,在今后的食品工程实践中来回答吧。

此外,在科研开发、食品生产、宣传沟通等方面加以努力,尽可能地拓宽食品来源的渠道。一方面积极开发新食品原料,让闲置的资源得以转化为实际可用的食品原料;另一方面,充分挖掘现有的食品原料的潜能,产生符合市场需求、能被消费者所接受的新类型食品。

例如,在很长的历史时期,马铃薯在我国的一些地区,同样被视为主粮。然而,在水稻、大麦、小麦的良种和化肥的支持下,如今的马铃薯早已光环不再,普遍只被用于制作菜肴、点心、酒类等食品。尽管马铃薯曾在爱尔兰大饥荒中展现出了它脆弱的一面,但它高产量、适应性广、耐旱耐寒、成熟较快的优点,依然客观存在。而且,马铃薯不需要和水稻小麦等粮食作物争水抢地,在贫瘠的土地上依然可以种植,在灌溉、施肥和田间管理上要求很低,不需要太多的劳动力投入。更重要的是,发展好马铃薯产业,也有利于进一步加强我国食品供应的安全性。为此,在 2015 年,由农业部正式启动了“马铃薯主粮化”的国家战略,力争将其变成继小麦、水稻、玉米之后的“第四主粮”,以增强我国食品的可及性。

而要实现这个目标,最重要的一环,就是在食品工程上积极开展创新,运用现代食品工程的科学技术,把马铃薯变成全国各地的居民都愿意接受、乐于食用的健康食品。而这就涉及了食品加工、食品营养、食品机械、果蔬保鲜等诸多食品工程的分支方向,具体而言,就需要“重点攻关马铃薯全粉占 50%的面条、馒头、米粉等配方及加工工艺流程,加快研发适宜马铃薯主粮化的加工机械等。”仅在小小的马铃薯上,食品工程的从业人员就能为我国的粮食供应安全做出非常实际的贡献。

类似地,还有青稞、荞麦等并不主流的粮食作物。尽管它们的总产量不大,在全国的粮食供应的“大盘子”中,所占的份额也微乎其微,但到它们所能够适应非常艰苦的环境,尤其是小麦、水稻等作物难以生长的高海拔地区和贫瘠的土壤、少雨的环境,因此对加强粮食供应安全同样很有意义。事实上,我国的食品工程从业人员,在这两种粮食作物的精深加工、综合开发利用上,花费了大量的心血,取得了很多成果,在青稞米、青稞素肉、荞麦苏打饼干、荞麦麦片等新型的用途上,得到了市场的认可,这也为我们提供了一个很好的例子。

马铃薯主粮化问题

四、有机食品的利弊辨析

在讨论食品可及性、粮食自给率的问题时,值得一提的,还有“有机食品”的问题。

所谓有机食品,按照目前的通说,是指一类按照非常苛刻标准生产出的农产品,以及它们加工而成的食品。这类农作物在生长全过程中,基本禁止施用化学农药、化肥、生长调节剂等植保产品;养殖的动物全程禁止施用兽药。用于种植有机农作物的土地在种植之前还必须休耕一年(仅允许种植用于绿肥的草本植物),且经过重金属元素的检测方可使用。对周边的土地情况、灌溉用水的质量,也分别有具体的要求。在它的采收、储运、加工过程中,还必须符合相应的管理体系中的要求。

这样一来,有机食品的品质的确是可以得到保证。然而,既然不用植保产品,与使用了植保产品的同类农作物相比,有机农产品的产量就要低得多。此外,有机食品非常依赖人工的大量投入,也直接推高了它的生产成本。因此,最终还是要综合衡量价格和品质。

小结

在这一章里,我们介绍了食品工业对于整个人类社会的巨大贡献,也看到了食品工程所带有的巨大影响力,对国家、民族不可替代的重要作用。因此,食品工程中每一个细小的错误都可能被放大无数倍,给社会带来可怕的灾难。食品工程伦理因而具有极强的现实意义。

同时,我们也看到了"食品安全"的双重内涵,即食品质量意义上的安全和食品供应意义上的安全。两者互不替代,但都非常重要。

由此,我们看到了食品工程伦理中,最基本、最核心的原则:食品工程从业人员的根本目标,就是通过我们的共同努力,让本国人民吃饱、吃好、吃得健康。

在处理食品生产过程中的各种问题时,都应当从对国家、对民族、对人民负责的高度去考虑问题。要保证所生产食品的质量安全,决不允许"三聚氰胺"式的悲剧重演。要尽可能的优化工艺、设备,减少食品在加工、运输、销售等过程中的浪费。也要尽可能地拓宽食品原料的来源和去向,让更多的新型食品能够为市场所接受,一点一滴地夯实我国食品供应安全的基础。

总之,生存权和发展权就是最基本、最重要的人权。确保全体人民在饮食方面的健康与营养,让全国人民吃饱、吃好,就是食品工程从业人员的根本职责所在,也就是食品工程伦理的基础性原则。

思考题

1. 有很多人认为,天然、有机食品比现代化农业生产的食品更健康,对人体更有益;也有人认为,现代农业生产管理体系中,可以控制各种有害因素的介入,确保农产品质量,对食用者反而更加安全。你认为哪种说法更有道理呢?

2. 对于生物多样性的价值,你还知道哪些方面的例子?正面或反面的例子都可以说说。

3. 有观点认为,我国的粮食生产连年丰收,粮食自给率很高,并不存在粮食供应的风险。也有观点认为,我国大量进口大豆等经济作物,是粮食自给的隐含条件,如果遇到国际形势重大变化,粮食自给还是会受到威胁。你认为哪种说法更合理一些呢?

第四章　食品工程伦理的基本原则

学习目的与要求：

1. 理解食品工程伦理的6个基本的原则。

2. 懂得运用食品工程伦理的6个基本原则去分析具体的食品生产、经营中遇到的问题。

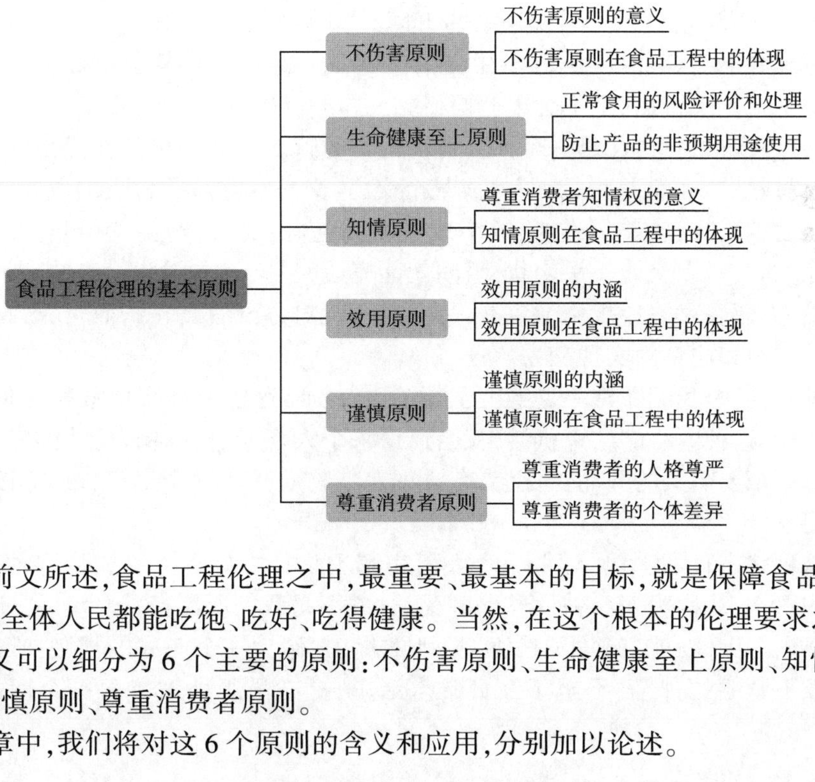

正如前文所述，食品工程伦理之中，最重要、最基本的目标，就是保障食品供应的安全性，确保全体人民都能吃饱、吃好、吃得健康。当然，在这个根本的伦理要求之下，食品工程伦理又可以细分为6个主要的原则：不伤害原则、生命健康至上原则、知情原则、效用原则、谨慎原则、尊重消费者原则。

在本章中，我们将对这6个原则的含义和应用，分别加以论述。

第一节　不伤害原则

对消费者而言，无论是购买、食用哪种食品，当然都是希望借此满足自己的各方面需求，而绝不会希望因此而受到伤害。相应地，作为食品的生产者、提供者，自然也有责任采取一切可行的措施，最大程度上避免给消费者带来伤害。这就是“不伤害原则”，不仅是在食品工程伦理中适用，也是几乎所有的商品生产者、服务提供者，都应该遵循的伦理学原则。在具体履行“不伤害原则”的过程中，食品工程的从业人员，就需要在两种状况下分别加以注意：不主动地伤害消费者，也尽量避免被动地伤害消费者。

一、不伤害原则的意义

需要说明的是,这里的“不伤害”,当然不是指三聚氰胺事件、塑化剂事件中那种故意在食品或食品原料中,人为添加对消费者有毒有害物质的行为。这些害群之马的做法,是完全不顾消费者健康、践踏底线、无视国法,违法甚至犯罪的行为,必然会受到刑法的制裁,根本无需用“是否有违食品工程伦理”来讨论。显然,各位读者能认识到这种行为的后果,是能在未来的工作中守住底线的。

我们这里要说的是“不主动伤害”,指的是在食品的研发、生产、流通过程中,需要尽一切可能,避免在食品中引入不合理的风险。

在我国的传统文化中,有一句大家都很熟悉的话:“己所不欲,勿施于人”。(《论语·颜渊》)也就是说,自己不希望遇到的事情,就不要对别人去做。

这个道理并不复杂,但在执行中往往很难做到。尤其是当某个不好的行为,实际上很不容易被别人发现,也几乎不会因此而遭到惩罚时,就可能让人心怀侥幸。

然而,这种道德约束,又是一个社会得以正常运行的必然要求。在经济学上,有个概念叫作“交易成本”,也就是说,为了达成某个交易,交易双方需要付出的成本。当双方彼此的信任程度越高、信息越是透明,这个成本就会越低;反之,则会变得非常之高。就像我们去买凉糕时,一手交钱一手交货,瞬间就能完成交易,双方因此付出的时间成本都很低;但如果一方怀疑对方违规添加色素,另一方怀疑对方没有真正扫码付款,那双方就得花费更多的时间和注意力实现交易。

后一种状况,是我们非常不愿意见到的情景,会导致整个社会的效率降低。更可怕的是,如果没有这种内心的约束机制,就会逼得每个人都变身为各种行业的专家,火眼金睛地盯着每一个要购买的商品:这里头有添加违禁物质吗?这个生产日期涂改过吗?你没有骗我吧?

倘若这种状态真的出现,对每一个人而言都不是什么好事。有人将这种彼此提防、互相防范的状态,戏称为“互害社会”。显然,这并不是我们所期待的环境,更不是社会发展的正确方向。因此,就有了“不伤害”原则的提出,作为一个兜底的规则:唯有如此,才能让大家放下紧绷的神经,不至于在日常生活里,提心吊胆地对待每一个商品、每一件事情。

二、不伤害原则在食品工程中的体现

具体到食品工程及其从业人员,不伤害原则主要体现为:在食品的生命周期中,必须对所有可能涉及的风险进行评估,根据评估的结论,采取合理的技术手段,尽可能地预防、避免因食品质量而给消费者带来的风险。

显然,食品生产企业,不能故意去危害消费者的健康,否则就会受到法律的惩罚,承担赔偿责任甚至刑事责任,这是一个无需多说的底线。而我们此处讨论的“不伤害原则”,指的是在主观上没有恶意的前提下,如何避免对消费者的无心伤害。

一般来说,“风险”就意味着不确定性。而在食品工程的领域内,不确定性直接导致产品质量出现波动,甚至可能影响消费者的食用安全。因此,在现代的食品工程质量管理理论中,核心就是通过“人机料环法测”* 这 6 大要素的监控,尽可能地消除食品生产中的不确定性,最大限度地保证产品的质量稳定。这方面的技术问题,在《食品安全学》《食品生产质量管理工程》等课程之中,都有详尽的阐述,这里就不赘述了。这里主要讨论的是如何在食品生产过程中,理解“不伤害”原则的价值。

1. 对未知风险保持合理的警惕性

对于食品生产过程而言,如果把“食品出现问题,给消费者带来了健康损害,或可能带来健康损害”,视为对消费者的损害,则这种损害还可以进一步细分。

首先,有些损害是可预知的,有些则是不可预知的。我们都知道,科学技术是有彼岸性的。也就是说,无论人类的科技发展到什么程度,终归还是会有一些东西,是那个时候的科学技术,仍然不能认识的。例如,在“曲颈瓶实验”之前,人类并不知道空气中有细菌的存在,所以并不理解为什么食品放置过夜就会变质。对于这种未知事物造成的损害,人类往往是没有办法完全避免的。而绝大多数情况下,食品生产中出现的风险,都是已经为当下的科技所充分认识的,只不过是食品工程的从业人员认为其发生概率太小,有意无意地疏忽了它们。

例如,在米制品中,有一种很罕见,但确实存在的风险:米酵菌酸毒素污染。这种污染,是原料(大米、玉米、银耳、薯类等)在生产和储存的过程中,被一种称为“椰毒假单胞菌”的细菌所污染,细菌大量繁殖后,生成了米酵菌酸毒素。而这些原料被制成米粉、粿条、河粉等食物之后,就会带入这种毒素,外观没有任何改变。更可怕的是,这种毒素在烹饪过程中非常稳定,毒性又很大,且没有治疗的特效药。近年来,我国的广东、云南、黑龙江等地,都曾发生过因食用被米酵菌酸毒素污染的米粉、汤圆、“酸汤子”等食品而中毒的事件,也曾造成了多人死亡。为此,广东省市场监督管理局还特别发布过消费警示提醒公众。

那么,对于此类米制品生产的企业而言,该不该针对米酵菌酸毒素,进行严格的检测呢?从食品安全的角度上说,当然应该。然而,客观上说,这种事故的发生概率微乎其微,目前的米酵菌酸中毒事件,几乎都是家庭自制或小作坊生产的食品导致的。同时,检测这种物质,的确是有国家食品安全标准的,但检测方法费时费力,如果每批必检,成本太高。因此,我国相关的食品安全标准中,并没有把“米酵菌酸毒素的检测”列为强制性检测的项目。

此刻,“不伤害”的伦理原则,往往就体现在风险评估和控制的环节之中。也就是说,虽然国家标准并没有将其列为必检项目,但食品工程的从业者,也应该意识到它的风险,全面评估之后,再从供应链管控、储存条件管控、工艺过程优化等角度,尽可能地降低米酵菌酸毒素中毒的风险。这并不是法律、法规的强制性要求,而是食品工程伦理原则的召唤,是对食品工程从业人员高度责任感的期待。

此外,另一个食品相关的例子,就是“快餐厅的咖啡烫伤顾客案。”

这个案子的主角,名叫斯特拉·李伯克(Stella Liebeck,时年 79 岁)。1992 年 2 月 27

* “人机料环法测”,指食品生产质量管理中的 6 个最主要的因素,即操作人员,机器设备、生产原料、生产环境、政策法规、检测手段。通常认为,食品出现安全、质量问题,则可能是上述 1 个或多个因素出现了偏差。

日,斯特拉女士,来到美国新墨西哥州博纳利罗县(Bernalillo County,NM)的一家著名连锁快餐厅,花了不到1美元,买了一杯热咖啡,然后拿着咖啡就回到了车里。她当时坐在副驾驶的座位上,把咖啡杯放在两腿之间,准备用手撕开糖包,往咖啡里加一些糖。就在此刻,杯子翻了,咖啡泼洒到她的腿上,造成了腿部、腰部的大面积三度烧伤。

斯特拉随即起诉了该餐厅,并索要20万美元的医药费赔偿。庭审之中,餐厅方面辩解说,热咖啡显然不该放在两腿之间,这是她自己不小心造成的损害。

而斯特拉女士的律师则指出,案发时,该餐厅对热咖啡的出品标准是82~88℃,远远高于当时美国其他餐厅的通行标准(大约为60℃)。这二十多摄氏度的温度差异,对顾客而言就是额外的危险。82℃的咖啡,接触皮肤20s,就能造成三度烧伤;而88℃的咖啡,则仅需要3s,就足以造成三度烧伤了。显然,这是一种不合理的风险,没有达到同时期、同行业的食品生产企业都能达到的注意义务水平,是应该被责难的。

餐厅方面则解释说,是考虑多数顾客,都不会马上喝掉咖啡,而是等一段时间再喝,所以才想到把咖啡的温度定得高一些,这也是合理的做法。

随后,法庭认可了斯特拉女士一方的要求,认定该餐厅需要承担80%的赔偿责任;除了20万的医药费之外,还要加上巨额的精神损失赔偿。经过讨价还价和上诉,最终赔偿金额被定为64万美元,算是一笔巨额的赔偿了。这背后的伦理学指向,也是相当明确的。

其次,对于可预知的损害,又可以分为可控制和不可控制这两种情况。也就是说,在食品工程之中,有些损害,尽管我们知道它的存在,却无法制止其损害发生,这种情况下,食品工程伦理也无能为力。而绝大多数风险,都是既可知、又可控的,食品工程伦理就要求从业者尽一切可能,去降低这种风险。

例如,在《食品安全国家标准　食品添加剂使用标准》(GB 2760—2014)之中,规定"柠檬黄"这种食用色素,可以用于"糕点上彩装""蛋卷""果酱"等类别的食品。但是,它不能用于面包、饼干或馒头等类别的食品。这里就产生了一个问题:如果它足够安全,那为什么不能用在面包或馒头上呢?如果它不是足够安全的,为什么又可以用在糕点和蛋卷上呢?

这个问题并非抬杠,在国内食品监督的实践中,曾多次出现过米糕、发糕等食品中被检出柠檬黄的案例,还引发了"发糕是不是糕点"的争论。当然,实际执法中,可以死抠"上彩装"这个限制,只要在发糕的其他部位采样检出柠檬黄,就足以认定其违规使用食品添加剂。然而,食品安全国家标准这样规定,依据和意义又是什么呢?

对此,国家标准的制定者并没有给出明确解释。普遍认为,糕点、馒头和面包的最大区别,在于其食用量:在我国很多地方,都有用馒头代替米饭当主食的习惯,一顿饭吃两个馒头是完全可能的;面包的情况类似,有些家庭是习惯每天用切片面包作为早餐的。也就是说,对很多消费者而言,长期、经常、大量地食用馒头和面包,是完全可能存在的现象。相对来说,糕点,尤其是上表面有装饰的糕点,更多的是扮演"点心"的角色,偶尔吃一次,每次吃几块,总体食用量完全比不上馒头或面包。

因此,对于面包、馒头而言,必须制定非常严格的食品添加剂使用标准,哪怕再低的风险,也要避免它因为长期的蓄积,"水滴石穿""聚沙成塔"而造成损害。反之,对于不那么常吃、不会吃那么多的糕点、蛋卷,就可以适当放宽食品添加剂的使用限制。

这种标准的设计背后,就是对“不伤害”这个食品工程伦理原则的体现:从消费者的角度出发,以消费者的身体健康为最重要的目标,尽可能地把“安全系数”留得大一些,把风险压得更低一些。

2. 对食品生产中其他人的安全照顾

此外,“不伤害原则”,还体现在食品生产过程中对工厂中的其他人员的安全照顾。

本书的读者群体,默认为未来的食品行业的工程师和资深的一线技术人员,接受过系统的、全面的食品工程的专业教育,有着较高的专业素养。

毋庸讳言,在食品工程行业中,还存在着大量缺乏此类知识基础的从业人员,有些从业人员,甚至不具备高中及以上文化。当然,这并不是说,这些从业人员的经验和技能,就一定不如各位科班出身的读者们。只是从“能力越大,责任越大”的职业伦理出发,衍生出了一个工程伦理上的额外期待。

在日常的生产流程中,不仅要注意自身的安全防护,也要注意、提醒其他同事注意。当发现其他人有违反规定或是不安全的作业行为时,或是发现生产环境中存在明显的风险时,及时提醒、上报,以保护其他同事的身体健康。更进一步说,能对环境中的各种不安全因素有敏锐的预见,采取针对性的预防措施,控制风险、消除隐患。

在环境管理体系和职业健康安全管理(Environment、Health、Safety,EHS)中,上述要求被概括为“四不伤害”:不伤害自己,不伤害别人,不被别人伤害,保护他人不被伤害。其中最难做到的,就是第四个“不伤害”,需要有极为敏锐的洞察力和丰富的职业经验,更重要的是,有高度的责任心与同情心。

这个要求,也是广义上的“不伤害原则”的一种体现,是食品工程伦理中的期待,希望能够有越来越多的食品工程师,能够成为自己和他人的安全守护者,为和谐社会做出更大的贡献。

第二节 生命健康至上原则

食品工程伦理的第二个原则,叫作“生命健康至上”。

这个原则的含义,是要求食品工程的从业者,在食品被生产出来后的任何环节,都必须把消费者的生命、健康放在最重要、最核心的位置上,绝不能把商业利益凌驾于消费者的生命健康之上。

具体而言,这个原则要求食品工业的从业人员们,预先评估食品在质量合格的前提下,会不会给消费者带来额外的健康风险,包括正常食用和产品滥用的情况。

一、正常食用时的风险评价和处理

对每一个产品而言,其开发、制造、销售的过程,都围绕着它的用途而展开。也就是说,每个产品,有它适宜的使用场景、使用条件、使用目的,超出这个范围,就不是它的正常使用了。例如,没有人指望手机可以从三楼摔下而不碎屏,也没有人认为吃馒头可以让人变聪明。

这种产品使用场景、使用条件、使用目的的组合，通常就称之为产品的“预期用途”。从法律的角度说，厂家对产品的质量保证，仅限于它的预期用途；如果超出这个范围，则厂家在法律上是没有责任的。

举个例子，我国的国家标准《电动自行车安全技术规范》(GB 17761—2018)中，把电动自行车的最高速度限制为25km/h。厂家对电动自行车的稳定性能、刹车性能，也只是在这个速度限制下评价的。倘若有人置若罔闻，愣是把电动自行车骑到了30km/h，随后发生刹车失灵、侧翻的交通事故，则责任在使用者自己，厂家并没有责任。

相反，如果该事故发生时，车速并未超过25km/h，则厂家就极可能背负民事赔偿责任。

对食品工程而言，同样存在这个问题。这就是说，对于食品所规定的人群范围，按照正常的食用方式，在普通消费者普遍认为合理的食用量范围内，食品的生产厂家，必须确保食品的安全。同时，对预期用途的划分和确定，也必须以高度的责任感，实事求是地加以界定，并在总体上偏向安全：通过技术手段，尽可能地把风险降至最低，实现本质安全的要求；对实际存在的微小风险，也应该做好对消费者的提示。

例如，在我国的一些省份，“嚼槟榔”属于一种饮食习惯，历史相当悠久，甚至还有一首的民歌唱到：“高高的树上结槟榔，谁先爬上谁先尝”，这首《采槟榔》在20世纪50年代，就已经风靡上海滩了，它见证了这种饮食习惯的历史。

然而，现代的科学研究却认为，长期咀嚼槟榔果，尤其是经加工过的槟榔果，是存在健康风险的。具体而言，长期咀嚼槟榔，可能会导致牙周炎、口腔黏膜硬化、舌头活动范围受限，甚至存在诱发口腔癌的风险。

此外，与最初的生嚼槟榔相比，工业化生产的槟榔，通过各种加工工艺，改善了槟榔的口感；有些品牌的槟榔，还加入了食用香精、蔗糖、甜味剂、葡萄干、膨松剂等配料和食品添加剂，有效地降低了槟榔的刺激感，口感更柔和，从而让消费者更容易接受，降低了初试者的门槛。然而，这些改进，对槟榔本身的健康风险，并未有效缓解。

槟榔问题

也就是说，市场上销售的这些以槟榔为主的食品(尽管它们是咀嚼后吐掉残渣的，但依然是食品，同样需要申请食品生产许可证)，可能是完全符合现行的各项法律、食品安全法规和标准的，但它们在预期用途上使用时，还是可能给消费者带来健康上的风险。对此，食品工程的从业人员，不能不考虑这个问题：如何通过技术改造，尽可能地降低这种风险？

类似的情况，也发生在白酒行业上。对于白酒是否有害健康，目前还存在一定的争议；但通说认为，大量、频繁地饮用白酒，会给消费者的肝脏带来沉重的负荷，可能会加重高血压的病情，甚至可能会导致罹患肿瘤，风险是客观存在的。

国家广播电视总局已于2021年9月17日，发出紧急通知，要求即日起停止通过广播电视和网络视听节目，推销、宣传槟榔及其制品，从国家层面对此作出了否定性的评价。作为食品工程的从业人员，我们理当做得更好。

总而言之，从伦理学的角度出发，按照“生命至上”的伦理原则，食品工程的从业人员，在法律法规之外，有责任对这种潜在的健康风险加以评估，并尽可能地采取措施降低这种风险，不断追求食品的本质安全。例如，开发、生产出“无醇啤酒”（口味与啤酒近似，但实际上酒精含量接近于零），就是一种有益的尝试。

二、防止产品的非预期用途使用

正如前文所述，从法律上说，当产品被用在非预期用途时，因此造成的一切不良后果，都由使用者自行承担，厂家并没有赔偿责任。但是，从食品工程伦理上说，食品工程的从业人员，仍然应该采取措施，尽可能地阻止这种误用、滥用行为，尽可能实现产品的本质安全——哪怕消费者可能误用、滥用我们的产品，依然能够将危害控制到极低的水平。

这方面，我们最熟悉的例子，就是食盐（氯化钠）和蔗糖了。目前，在世界上所有的国家和地区，食盐和蔗糖，都是完全合法的食品原料。相应地，在食品生产中使用食盐和蔗糖，也不会有任何的法律上的障碍。

然而，当食盐和蔗糖的使用过量时，也就是说，超出了预期目标中的“推荐使用量”范围时，则会给消费者的健康带来不利影响。

现有的研究认为，成年人每日摄入的食盐总量，最好不超过 6g；减少过量的食盐摄入，能够有效地降低高血压风险。

而这里所说的“6g”，既包括了烧菜做饭时放入的粉末状食盐，也包括了加入的酱油中含有的食盐，还包括了预包装食品中所含有的食盐。就目前的情况而言，我国城镇居民摄入的食盐量普遍是超标的，“减盐”是有必要推行的举措。

减少食盐使用问题

对于烹饪环节中加入多少食盐、酱油，那是消费者个人的选择，和本书的讨论无关；但对于食品工程的从业人员而言，在预包装食品中减少食盐的含量，还是可以实现的目标。

例如，在培根、腊肠等预包装食品中，设计、生产含盐量较低的版本（并在包装上明确标识），设计、生产低钠盐（主要是以氯化钾代替一部分氯化钠），都是可行且有意义的措施。2018 年，由我国疾控中心营养健康研究所和中国营养学会，联合组建了工作组，并提出了《中国食品工业减盐指南》。这个指南并不属于法律、法规、标准体系，不具备强制性，只是一个建议性质的文件；但它为食品工业的从业人员参与减盐工作指明了方向。在这个领域，食品工业及其从业人员，是可以为保护国人的健康，做出积极贡献的。

类似地，蔗糖也是一个完全合法的食品原料，现行的法律法规体系中，并没有对其使用做出任何限制。然而，过量摄入糖分，尤其是添加糖（即：并非水果等食物中本身含有的糖，而是人为加入到食物中的糖类的总称，如蔗糖、果糖等），也很容易导致身体肥胖、龋齿等健康问题。目前，通说认为，成年人每日摄入的添加糖，最好不要超过 25g，而我国城镇居民的摄入量大致是 30g，有些特别喜欢吃甜点、喝饮料的人，远远超过此摄入量。

因此，在我国卫生部门推出的“健康中国行动”（2019—2030 年）之中，明确提出提倡减少添加糖（主要是蔗糖、果糖等）的摄入，鼓励食品生产企业合法使用甜味剂代替蔗糖来制作食品，“倡导食品生产经营者使用食品安全标准允许使用的天然甜味物质和甜味剂取代蔗糖。科学减少加工食品中的蔗糖含量”。

当然,和减盐一样,这依然只是一个倡议性的文件,并不具备法律强制性。但对于食品工程的从业人员而言,如同一个路标、一个指南,明确了努力的方向。

无论是减盐还是减糖,都是从营养学的角度引出的要求,也是符合食品伦理学的要求的。而下面这个例子,则是一个和营养学基本没有关系,但同样值得食品工程从业人员深思的案例。

大致在 2020 年 5 月,在湖南省某地,发生了一起“大头婴儿”事件:当地 5 名婴儿,出现了严重发育不良、生长迟缓、体重低下的状况,而其共同之处,都是食用了一款名为“倍 X 敏”的所谓“特医乳粉”。此事很快发酵,不由让人联想起了当年的“三鹿乳粉事件”,因而引发了全国舆论的高度关注。

当地政府也迅速组织力量,对此案进行了查处。调查结果却让人啼笑皆非:“倍 X 敏”是合格的产品,其指标符合各项国家标准,其生产厂家具有合法的食品生产许可证等全套资质;但它并不是乳粉,更不是婴儿乳粉,而是“固体蛋白饮料”。

也就是说,这款固体蛋白饮料本身,是完全合法的,它的制造商没有违反法律规定。实际上,“固体蛋白饮料”这 6 个字,就清楚地印在包装罐上。造成这个恶性事件的,主要是因为它的经销商,恶意欺诈消费者,把“蛋白饮料”说成“婴儿乳粉”,而且还是适合有特殊需求婴儿(例如,过敏体质、乳糖不耐受等)食用的“特医乳粉”,置婴儿的健康发育于不顾,欺骗家长购买。说他们这是谋财害命,并不为过。

案发之后,当地执法部门,依法严惩了涉案的销售商,顶格处以 200 万元人民币的罚款,并责令其给消费者退款、赔偿;受害的 5 名婴儿的后续治疗也得到了妥善安排。而该县市场监督管理局的副局长李某、市场秩序监督管理股长曹某,也因为监管不力被问责,双双免职。

在案件处理之外,这个“固体蛋白饮料”事件,对食品工程从业人员而言,也是一个伦理上的拷问:涉案的生产厂家及其员工,真的是已经做到了问心无愧吗? 如果我们遇到类似的问题,又该如何去避免呢?

在涉案的蛋白粉饮料上,最醒目的是它的商品名“倍 X 敏”3 个红色大字,下面紧挨着的,是一行蓝色的字:“深度水解蛋白 & 无乳糖配方粉(二合一)”,而“固体蛋白饮料”这 6 个字,则位于罐子的右下角,距离“倍 X 敏”的名字较远,且并不醒目。而对于食品行业之外的老百姓,特别是缺乏生物化学知识的普通公众,对于“深度水解蛋白”这样的术语,往往是很难正确理解的。尽管厂家并没有故意误导消费者,但这样标签,还是给无良的销售者留下了腾挪的空间,才让他们得以欺诈婴儿的家长们,谎称“水解蛋白就是乳粉的另一个称呼”。

这个案例中的蛋白饮料,就是典型的“非预期用途”使用。当然,从法律的角度上说,它的生产厂商,没有责任去防范这种滥用;在案发之前,它甚至完全可能没有意识到这种风险。但是,从食品工程伦理的角度上说,在“生命健康至上”原则的指引下,我们其实还可以做得更好。例如,在类似可能发生混淆、可能被经销商用于欺诈的食品上,加上一行醒目的提示语:“本品不是乳粉。不能代替乳粉使用。”

这样,哪怕无良的销售人员如何巧舌如簧、舌灿莲花,也没法再用它去欺骗婴儿的家长,造成新的伤害。国家市场监督管理总局发布 2021 年第 46 号文,对“固体饮料”字样的标注进行了特别规定。

此外,还有一个很普遍的例子,也体现了对“非预期用途的使用”的防范,那就是食品包装中的干燥剂。

食品包装中的干燥剂、除氧剂,目的是消除包装中残留的水分和氧气,以及吸收渗透进去的水汽,保持食品的口味不变。显然,这些干燥剂、除氧剂并不和食品发生接触,更不是食品的一部分,理论上并不需要考虑其被食用的风险。

同时,早期的干燥剂,常常选用生石灰,包裹在无纺布袋或复合袋中,袋子外也醒目的标注“不可食用”字样。然而,国内外都发生过无知的儿童误食干燥剂的案例,给儿童的身心健康带来了极大的威胁。尽管这种误食,完全不是厂家的责任,但从生命健康至上的底线出发,还是要求对此加以预防。因此,现在市场上的预包装食品里,干燥剂通常都会选择硅胶等无毒无害的物质,哪怕发生了误食,也可以把危害降到最低的程度。

总而言之,对于食品工程从业人员来说,“生命健康至上”的伦理原则,要求我们不仅要生产合法、合规、合格的产品,也要考虑这些产品在合规的前提下,依然残留的风险,并积极采取措施,加以控制;对于产品可能被消费者、销售者有意无意地超出预定用途使用,进而导致损害食用者的健康的情况,可以考虑增加提示语等措施,加以提醒和预防。这是食品工程伦理中一个基础性的要求,同时也是对于从业人员的高尚品德的期待。

推而广之,倘若每一个行业的从业人员,都能做到推己及人,在各自的行业中,以高度的责任感来看待消费者的健康与安全,真正做到“全心全意为人民服务”,那我们的社会,将是一个安全美好的环境。

第三节　知情原则

食品工程伦理的第 3 个基本原则,就叫作“知情原则”。这个伦理原则,要求食品工程的从业人员,在食品的设计开发、生产制造、销售使用的全过程中,必须尊重消费者的知情权和选择权,让消费者明明白白地消费。

一、尊重消费者知情权的意义

1. 知情权的由来

大概没有人会怀疑,对于商品和服务,消费者有选择的自由——很显然,作为消费者,我可以选择买也可以选择不买,商家总不能强迫我买下来。无论我在你的店铺里逛了多久,或是你花了大把时间,费力地向我介绍和推荐你的商品,或者是如何在价格上做出了让步——只要我不想要,我都可以拒绝购买,而且无需说明任何理由。倘若你非要逼我买下来,那不仅是违反道德的行为,还可能构成法律意义上的强迫交易罪(《刑法》第 226 条)。

消费者的这种权益,通常就被称为“选择权”。而实施选择权的前提,则是知情权。

当商家向消费者介绍、推荐某个产品和服务时,“诚实守信”是一个默认的伦理准则。显然,如果消费者并不能充分、全面地了解某个商品的真实信息,那消费者又如何去挑选商品、决定是否购买呢？哪怕是时下很流行的“盲盒”商品,商家也是清楚地告知了盲盒里可能的商品的范围和概率(例如,隐藏款玩偶的掉落概率有多大)。类似地,在网络游戏中"氪金"抽奖,抽到特级超稀有级(superior super rare,SSR)卡片的概率,也必须事先公开,而不是任由商家天马行空、随心所欲地设置商品。

倘若商家故意隐瞒、模糊商品的关键信息,例如,对产品的功能、效果、品质给出虚假的宣传,或对商品可能带有的风险、缺陷避而不谈、一笔带过,那就是对消费者的欺诈,更是一种不道德的行为。同时,当商家提供的有关信息错误或不全时,消费者的选择权实际上就遭到了侵害——消费者是基于错误的信息而做出的选择,也就是被误导了。消费者做出的决定,并不是其真实意思的表达,而是被欺骗后的恶果。

例如,在一些电视购物广告中,尤其是大家都很熟悉的"神医宇宙"系列广告中,故意混淆药物和食品的概念,毫无依据地吹嘘产品的治疗作用,倘若真有消费者因此而买单,我们也不能认为是消费者自愿的选择:如果对消费者据实以告,也许并不会再去选择该产品。类似地,在某奶茶店里挂着"现泡水果奶茶"的明显标牌,却在调配时使用固体粉末冲泡,尽管这在一定范围内是合法、合规的,但依然是对消费者知情权的侵犯,因为它让消费者在不知情的前提下做出选择,极可能违背了消费者原本的意愿。

更极端的例子就是电信诈骗。在骗子的哄骗之下,受害人把自己的钱转移到所谓的"安全账户",然后被骗子卷走。这个操作,的确是得到了受害人的"同意"的,但这种同意是建立在错误的认识的基础上,显然并不是真正的知情、同意。

因此,只要承认消费者有选择权,就必然要求厂商尊重消费者的知情权,让消费者真正清楚、自愿地做出选择。唯有如此,才算得上公平、公正的交易。

而对食品来说,保障消费者的知情权,还有一个更重要的理由:维护消费者的健康。

例如,如果不公开食品的营养信息,消费者就无从考虑,食用之后会不会摄入过多的热量,从而影响自己的体重;不公开产品的配方信息,消费者就难以避免食用自己不想吃的东西,从而带来额外的风险(例如,反式脂肪酸)。更极端的情况下,如果消费者对某种物质过敏,而食品中恰好含有这种物质,包装上却没有注明含有这种物质,则消费者就可能因而误食,甚至造成严重的后果。

2. 实现知情权的难点

尽管绝大多数人都会同意,实现消费者的知情权,是一件理所应当的事情,但这并不等同于知情权的实现就是水到渠成的。抛开厂家、商家故意隐瞒、篡改关键信息的那种错误做法不谈,即便厂家、商家做了信息的披露,还是有一个鸿沟,横亘在厂商和消费者之间:信息不对称。

在经济学中,有一个"信息不对称"的概念。它大致是说,对于某个特定的交易,倘若双方对被交易的商品、服务,所掌握的信息并不完全一致,则掌握信息较充分、较全面的一方,因此就在决策上占有了巨大的优势。显然,生产者、销售者,对于该产品的了解程度,远远超过普通消费者,他们所掌握的信息肯定更全面、更完整,层次也要深得多。而要把信息披露到什么程度,完全取决于法律的规定和生产者、销售者的态度。俗语说"买的没有卖的精",就是对这种现象的生动概括。

同时,信息的获得和信息的使用,是完全不同的两个概念。即便是同样的信息,放在不同的人手里,能够从中获得的效用也是不同的。例如,一张用外文印刷的标签,对于不懂这种外文的人而言，和废纸没有什么区别；对于能看懂这种外文的人，却能从中提取到很多有用的信息。类似地，把一份专业论文，放在其他专业的人面前，恐怕读起来也犹如天书，并不能转化为决策的依据。

正如我们在绪论中曾经提到的那样，食品工程是一个技术密集型的工业门类，其技术的庞杂，并不输给其他工业门类。同时，食品工程又是一个法规性极强的工业门类，从法律到法规，从食品安全国家标准到企业标准，甚至连预包装食品的标签该如何写——《食品安全国家标准　预包装食品标签通则》（GB 7718—2011）、营养标签又该如何标识——《食品安全国家标准　预包装食品营养标签通则》（GB 28050—2011），都有非常具体而刚性的规定。在这些法律、法规、规定、标准之中，充斥着许多的专业术语，没有受过专业训练、缺乏食品工程专业背景的普通消费者，自然是看起来无比艰涩，更谈不上从中获取有效信息了。

3. 实现消费者知情权的途径

而要解决食品工程领域内的信息不对称的问题，真正地让消费者的知情权、选择权落到实处，无非就是两个途径：法律的强制性规定和伦理学上的倡导性意见。

首先，通过法律、法规和强制性的技术标准，对我国大陆范围内的所有食品生产厂家和所有的预包装食品及其原料，规定了一些最基本的信息披露要求。例如，所有的预包装食品上，都必须明确标出该食品的生产日期和保质期，让消费者知悉该食品是否已经过期；也必须标明反映食品真实属性的专用名称（例如，固体饮料、含乳饮料、饼干、雪糕等），让消费者准确理解这个食品到底是什么类型的东西；还必须标识该食品的主要原料和营养成分，特别是必须标明使用的所有添加剂，让消费者明白地知道它的作用、添加了什么东西，在此基础上再选择是否购买、食用。类似地，预包装食品还必须标识生产厂家、厂家具体地址和真实产地，以便让消费者能够判断该食品是否由一个信誉可靠的企业所生产。万一该食品出现了质量问题，也知道如何溯源维权。

其次，就是通过食品工程伦理，来弥补这种信息不对称给消费者带来的劣势。

要做到这一点，就需要在食品工程从业者的意识中，牢牢地树立“能力越大，责任也越大”的观念，承认在食品相关信息的获取上比普通消费者存在绝对的优势。因此，这就产生了一个伦理学上的要求，不能滥用因信息不对称而产生的支配地位，相反，还要主动地去弥合信息不对称的鸿沟，采取各种有效措施，尽可能地帮助消费者理解和食品相关的关键信息，不仅做到“知无不言，言无不尽”，还要做到“言之能懂”，用老百姓能看懂的语言，把问题解释清楚。

当然，在实现消费者知情权的同时，也应该考虑和保护厂家商业秘密之间的平衡。显然，后者同样是正当的，也直接影响到企业的经济利益。因此，各国的法律、法规，普遍都在消费者知情权上有所限制，例如，在配料表上写明各个原料的名称，但通常不要求具体数字；对食品制造的工艺参数，也通常不要求企业公开。这方面最著名的例子，就是可口可乐了。在它的标签上，是以“香料”来概括其神秘配方的，而这个配方至今仍未公开。这其中既有对其巨大体量的考虑，也包括了历史原因。如果可口可乐诞生在今天，或许就必须在标签上写明“7X 产品”（可乐中保密配料的对外代称）到底是什么配方了。

二、知情原则在食品工程中的体现

具体而言，消费者的知情权，主要体现在涉及到食品标称的关键信息上，生产厂家、商家以及食品工程的从业人员应该坚守诚信，努力让食品的标签通俗易懂，整个包装不易产生歧义，以确保消费者能够全面、正确地了解该食品的关键信息，再基于自己的理解，独立地做出是否购买、食用的判断。

例如，在我国现行的食品标签相关规定中，在涉及所使用的食品添加剂时，是允许用食品添加剂的功能类别名称+INS代号，来代替添加的通用名称的，例如“乳化剂（322，476）”这样的写法。然而，对于普通消费者而言，要看懂这些代号是几乎不可能的。他们甚至很可能并不清楚，功能类别名称“乳化剂”“增稠剂”到底意味着什么。这种做法，对食品工程人员而言是更便利的，但对消费者是否合理，恐怕就有不同看法了。

类似地，在涉及“无糖”“零热量”的场合，往往涉及数字的修约规则和“0”界限值的问题。例如，假设有某种碳酸饮料，在每100mL饮料中，含有0.45g的蔗糖。按照现行的食品安全标准，是允许它在食品的营养成分标签上，把“糖”一项标称为“0”的。这种界限值的规定，当然是有科学依据的，但对绝大多数普通消费者而言，恐怕根本不知道这一规定，其知情权或多或少地打了折扣。

当然，这种“0”标称，对消费者的身体健康而言，并没有实质性的影响。但在有些食品中，生产厂商可能把“零蔗糖”和“零糖”的概念混淆：配方中实际使用了果糖、多聚果糖或赤藓糖醇等碳水化合物，但在包装上却醒目的标称“零蔗糖”，对普通消费者非常容易造成误导。

例如，2021年4月，国内某新上市不久的饮料“××茶”，就因为包装上写有“0蔗糖”而实际使用的结晶果糖的问题，向消费者公开致歉，并将原包装上的“0蔗糖”字样改为了“低糖”。对于此事的是非对错，本书作者不予评价，但它足以提醒我们，在营养标签的标称中，要正视这种信息不对称给消费者带来的困扰，尽可能地采取措施加以避免。

另一个比较典型的例子，是“淡水三文鱼”引发的争论。

通常我们提到“三文鱼”，都会想到它是一种深海鱼类。然而，2018年8月，中国水产流通与加工协会，会同旗下三文鱼分会的多个成员单位，共同起草的《生食三文鱼》团体标准正式发布。这个标准里指的“三文鱼”，是在淡水（河流）中养殖或捕捞的虹鳟，而不是在海洋里生活的大西洋鲑。

很显然，主要生活在海洋中的鱼类和主要生活在江河中的鱼类并不是同一个物种。然而，如果把这两种鱼类都做成生鱼片之后，普通老百姓很难从鱼片的外观上，分辨出它来自哪种鱼类。同时，如果养殖过程中没有完全按照技术规范操作，则这种淡水三文鱼的鱼肉中，就很可能就会含有寄生虫卵，从而给消费者带来一定的健康风险。

随后，围绕这个问题，在水产养殖业、食品工程行业内外，都爆发出了激烈的争论。支持者主要来自西部的一些水产养殖者和一些冷冻食品加工业者，他们认为，“三文鱼”一词，来自于“Salmon”一词的音译，并不是一个严格的学术名词；而虹鳟和大西洋鲑属于远亲，按照业内传统，当然也可以叫作“三文鱼”，只要加上定语“淡水”就不会混淆；此外，虹鳟的肉质也很细嫩，富含各种营养物质，食用后并不会对消费者产生不良影响。而反对者则认为,在很长时期之中,“三文鱼”这个通用名,都特指大西洋鲑,这个概念已为广大消费者所熟知;一旦把虹鳟也算作三文鱼,普通的消费者就极容易产生混淆,哪怕加上定语“淡水”,也很容易被销售商、导购、餐厅老板误导。

反对者还指出,因为大西洋鲑主要生活在深海之中,它的鱼肉用于生吃(例如,制成生鱼片),相对而言是比较安全的;相反,倘若把虹鳟的鱼肉用于生吃,消费者就有感染阔节裂头绦虫、肺吸虫等寄生虫的风险。更安全的做法,是把虹鳟的鱼肉作为食材,经煎炸或烟熏等烹饪过程之后再食用,就没有感染寄生虫的风险了。倘若消费者对“淡水三文鱼”的概念认识不够清楚,就可能想不到要把它做成熟食。因此,这个误导,妨碍的不仅是他们的知情权,更可能影响其生命健康权。

对此,支持者表示,在上述《生食三文鱼》标准中,已经建议在销售的时候,应该在标签上加以明确说明,这个产品到底是“三文鱼(虹鳟)”,还是“三文鱼(大西洋鲑)”;同时,还必须标明鱼类的产地。然而,这个标准属于团体标准,并没有法律上的强制效力;更不要说,如果购买者是餐厅、饭店等餐饮服务业者,端上顾客餐桌的生鱼片,显然是不会保留标签的。

鉴于这个标准引发的争议很大,随后,我国农业农村部、国家标准化委员会等相关部门,都表示要对这个团体标准加以论证。这个问题的复杂性,可见一斑。

对于“淡水三文鱼”究竟算不算“三文鱼”的问题,很好地展现了食品工程的从业者,与普通消费者之间存在的信息不对称问题;也证明了这种信息上的差异,极可能就会影响到消费者的知情权和选择权,甚至可能涉及消费者的身体健康权。身为食品工程从业人员,责任之重大、情况之复杂,用若保赤子、如履薄冰来形容,似乎并不为过。

当然,还有一些例子,比“0 蔗糖饮料”“淡水三文鱼”的例子更加直白。例如,在很多方便面的外包装上,往往都会印有一个“面条”的图片,图片的内容丰富,色彩柔和,十分吸引人。但众所周知,如果仅用方便面里的材料,不再额外地加入其他食材,是无法泡出图中效果的面条的。当然,在其包装上,通常也都印有一行小字,“图案仅供参考,具体内容参见标识”。这种免责声明的确可以撇清法律上的责任。但从食品工程伦理的角度来说,恐怕对于消费者行使自己的知情权,也是一种不合理的干扰。

此外,在消费者的知情权方面,随着技术的进步,还会有许多新的情况出现。例如,时下很流行的“预制食品”(又称“预制菜”,也有人称之为用“料理包”经过短暂加工而成的食品),就提出了一个新的要求。有不少食品外卖,甚至是餐饮门店,使用预制食品来给顾客提供菜肴。这种做法本身,并不违反任何法律规定,也并不会对食品安全带来负面影响。然而,对于消费者而言,确实会有很多人介意自己吃的到底是预制菜还是厨师现场烹饪出来的菜肴,并认为前者的价格应该比后者低很多(从成本上说,确实如此)。在这种时候,餐饮业者,是担负着主动告知消费者有关使用了预制菜的伦理义务的,简称“告知义务”。

总而言之,作为食品工业的从业人员,食品工程伦理中的“知情原则”,要求我们以消费者的健康为考虑的出发点,不滥用信息不对称的优势。在食品的标签和外包装上,不玩文字游戏。也不需要逼着每位消费者都变成食品安全专家,清楚无误地理解所需的食品关键信息,放心地购买、食用产品即可。唯有如此,才能建立一个所有人都安全、舒适的购物环境,真正实现一个和谐、友善、文明的社会。

第四节 效用原则

在食品工程伦理中,第4个主要原则,叫作“效用原则”。它主要是说,在食品的开发和生产过程中,当我们决定往某个食品之中,加入某种在食品、食品原料之外的物质时,就必须有合理的依据,既要考察它给这个食品所带来的有益效用,也要考察因此而给消费者带来的食品安全风险,综合衡量利弊之后,再决定是否要加入这种物质。

一、效用原则的内涵

所谓“效用原则”,最早脱胎于英国法学家边沁(Jeremy Bentham,1748—1832年)的观点。他认为,要评价一个行为是否正当、合理,依据是这个行为所带来的快乐、幸福,是否达到了最大化。一个行为,只要是能够趋利避害,让快乐最多、痛苦最少,这个行为就是合理的。同理,在面临多个选项时,能够实现最大的快乐的那个,就是最佳选项。这种观点,就被后世称为“功利主义”。

显然,这个观点太过片面,只考虑了某个行为、选择,对于行为人自己的影响,而没有考虑对他人、对社会的影响。但它还是提出了一个伦理学的判断标准:如果某个行为,从后果上看,对某人(或某些人)是有利的,那使用它就是合理的;反之,它就是不合理的,可能会存在伦理学上的争议。也就是说,如果一个选项,所带来的效用越大,那它就越应该被采用;如果它带来的效用很小,等于零甚至为负数,则它就不应该被采用。这就是效用原则的最简单表述。

然而,现代社会是非常复杂的,在不同的个体之中,普遍存在着千丝万缕的联系。具体到食品工程之中,不仅包括了原料生产者(农户)、食品生产者(厂家)、食品工程从业者、销售者、消费者,还可能涉及到其他的利益相关方,例如社会安全和公共利益。此刻,要衡量“效用为正”“效用最大”,要考虑的就是各个主体的综合的效用,是经济效益和社会效益的整体考量——而这些利益之间,未必总是一致的。

因此,面对这些复杂的问题,我们不能仅靠功利主义原则来解决,还必须引入一个新的工具:权利主义。

1. 功利主义和权利主义之辨

所谓权利主义,是预先规定某一些权利默认不可侵犯,是优先于其他权利的。例如,通说认为,人的生命和身体健康,是最优先的权利,其优先级别超过了财产性的权利。稍次一级的权利,是人身自由和人格尊严,同样也应该得到无条件的尊重,非因法定事由并经法定程序,不得剥夺。

权利主义认为,当诸多权利发生冲突时,首先要保证上述基本的权利,再来比较其他的权利。即便其他权利看起来相当重大,也不能妨碍基本权利的成立。例如,假设某个小孩被困在汽车里,路人看到后,砸碎了汽车的挡风玻璃,将其救出。此刻,路人侵犯了车主的财产权(维修挡风玻璃会产生费用),但因为他是为了拯救更重要的生命权,所以法律规定,路人不需要承担责任。(这就是《民法典》里的关于“紧急避险”的规定)

而权利主义的出现,就为不同的权利发生冲突时,划出了一条伦理的底线。

与功利主义相比,权利主义更强调作为“人”所默认拥有的基本权利,这些权利是与生俱来、不可剥夺的。通常认为,如果我们使用权利主义作为尺度,去衡量某个行为、某个选择是否合理时,就必须先考虑权利主义所划出的底线。这种辩证的关系,既保留了功利主义中“追求效用最大化”的合理部分,又用权利主义进行了补充和修正,使其不至于滑向社会达尔文主义的深渊,漠视、忽视普通人(特别是弱势群体)的正当权益。也可以说,这是努力在效率和公平之间,实现平衡。而权利主义和功利主义相结合的产物,就是我们这里所说的效用原则。

2. 效用原则的价值

在明确了效用原则的逻辑之后,我们就很容易地看出,它不仅是伦理学中的一个概念,更是一个伦理学中很好用的工具。

按照英国哲学家黑尔(R. M. Hare,1919—2002 年)的观点,道德方面的思考必须紧密联系实际生活,不能脱离了人们的具体利益而天马行空。而效用原则之于食品工程伦理,逻辑与之类似:当我们以食品工程伦理作为决策的参考依据时,是把它当作一个空洞的口号教条、死板地套在活泼的实际生活上呢?还是把“人”的具体诉求和各方面的利益,都放在“伦理的天平”上仔细称量过,再去做出决定呢?

具体而言,效用原则要求我们在做出选择时,要仔细地衡量某个行为所带来的收益与风险的关系。这里就引入了一个“比例原则”:如果某个行为,所带来的收益远远大于其风险,则该行为就是应该被执行的;而如果它只是让收益与风险大致相当,那它就应该被格外谨慎地考虑;当收益明显小于风险时,它就该被毫不犹豫地放弃。套用类似计算机程序的语言,来描述这个过程,那就是:

如果　某行为的收益>>某行为的风险
那么　此行为是合理的
否则　此行为是不合理的

也可以说,当我们所做出的决策,可能引入一个新的风险时,前提条件就是:它所能够带来的收益,从比例上看,应该是所引入的风险的很多倍,方才符合伦理学的原理。

这个比例原则,不仅在食品工程伦理中有所体现,还在医学、法学等许多学科中以不同的形式发挥作用。例如,如果某个外科手术给患者带来的可能受益并不大,而可能产生的风险却很高时,医生就应该放弃这种手术;哪怕患者自己要求手术,医生也应当拒绝。

例如,曾经有一种外科手术,叫作“小腿神经离断瘦腿手术”。它通过人为地切断小腿上的几组神经,造成原本健康的小腿肌肉(腓肠肌)萎缩,以达到“瘦腿”的目的。而这种手术,不仅是不可逆的损毁神经,还带有下肢运动功能障碍的巨大风险,严重违背了医学伦理。因此,2021 年 8 月,中华人民共和国国家卫生健康委员会发出了《关于禁止开展“小腿神经离断瘦腿手术”的通知》(国卫办医函〔2021〕410 号),在全国范围内,对这种手术立即予以禁止。

在这个例子中,这种手术带来的收益,是让患者的小腿看起来瘦一些,或许能满足患者对自己身材的某种偏好,增强其自信。而它的风险,则是让患者的运动能力受损,甚至可能出现运动功能障碍,而且这是一个无法挽回的手术。两者相比,它的收益远远不及风险,按照效用原则,它就应该被摒弃。

二、效用原则在食品工程中的体现

具体到食品工程之中,效用原则主要体现在食品添加剂的使用上。

使用添加剂必须遵循《食品安全国家标准　食品添加剂使用标准》(GB 2760—2014)等一系列的强制性规定。然而,这些规定只是明确了哪些食品中“可以”使用哪些食品添加剂,却并未说明在什么情况下才“应该”使用这些食品添加剂;也没有提出在这些食品中,就“必须”使用这些食品添加剂。对“食品中是不是该加入某种添加剂”这个问题,真正做出判断的,还是食品工程的从业人员,也就是食品的开发者和生产者。

此刻,我们就可以引入效用原则,逐个衡量各个食品添加剂的必要性。

例如,假设一名食品工程师,正考虑往某一款雪糕之中,加入羧甲基淀粉钠(CNS:20.012)作为增稠剂。按照食品安全标准,这种行为的确是合法的(其限值为0.06g/kg)。然而,同时已知还有一种增稠剂,叫作田菁胶(CNS:20.021),其限值为5g/kg。也就是说,后者在雪糕一类的食品中,允许加入的量更多,安全范围更大。那么,该工程师就应该查阅相关文献,并积极开展实验,摸索两者在雪糕中产生的增稠效果,在实现生产目标的前提下,尽可能地降低加入风险较大的增稠剂用量,努力让消费者的健康风险降至更低。

类似的例子,还有加碘食盐的问题。

在食盐中加入碘剂(碘酸钾等),是为了预防碘缺乏症。而碘缺乏症,会带来儿童智力低下、体格发育迟缓等不良后果。因此,我国卫生健康部门,一直要求在食盐中加入碘剂,以确保通过日常饮食而实现补碘的效果。

然而,也有一些人,对此提出了质疑:我国幅员辽阔,不同地区饮食习惯差异较大,对补碘的需求也是不同的。例如,沿海地区的居民,饮食结构之中包括了海带、紫菜等富含碘元素的食物。同时,有些地区的土壤之中,含有的碘元素比例也较高,自然就不用再额外补碘了。

还有人认为,是否要通过食盐来补充碘元素,决定权应该属于消费者个人,国家不应剥夺消费者的选择权。毕竟,当碘元素摄入过量时,也可能给消费者带来健康风险。此外,的确还有一些特殊的人群,因为医学上的原因,不应该额外摄入碘元素(如甲亢患者),他们的需求也是客观存在的。

对此,我国采取了总体控制,灵活调整的规定。即对普通的、大宗供应的食盐,依然实施加碘方案;同时,对加入的碘元素的量,规定了3个不同的档次,供不同省市的居民,依据本地的实际情况选用。对有医学上的特殊需要,或者就是不愿意食用加碘盐的群体,各省市也开设有专门的“无碘盐柜台”,以保障他们的需求和选择权。

实际上,我国的卫生健康部门,就是在诸多科学研究的基础上,衡量了可能的风险与收益之后,才慎重地做出了“食盐加碘”的决策。

加碘盐的食用问题

总而言之,食品工程伦理中的效用原则,让我们在考虑相关的食品安全问题时,既要考虑它带来的收益,又要考虑它可能引入的风险,只有当其收益远大于风险时,它才是正当的、合理的。而判断的最终落脚点,依然是保护消费者的生命健康权。

第五节　谨慎原则

食品工程伦理的第5个原则,叫作"谨慎原则"。它要求食品工程的所有从业者,在食品开发、生产、销售的全生命周期中,对于任何可能涉及到食品安全的问题,都要保持高度谨慎的态度,绝不把未知的风险留给消费者。

一、谨慎原则的内涵

在上一节中已经介绍过什么是"科学技术的彼岸性"。即人类对事物的认知,是一个不断深入的过程;在现有的认识中,完全可能存在盲区,甚至是一个可怕的陷坑。正因为如此,工程伦理中才提出了"谨慎"这个重要的原则。

因此,谨慎原则的第一层含义,就是对于那些还没有彻底弄清楚原理的问题,对那些尚不能笃定地证明其安全性的食品、食品原料、添加剂和工艺,都应该采取有罪推定的思维,默认其是不安全的,不能用于食品生产之中。

谨慎原则的第二层含义,则是要求食品工程的从业人员,即便是对待已知的工作,甚至是早已重复无数遍的工作,也依然要随时保持认真、谨慎之心,朝乾夕惕地完成工作任务。

根据食品生产质量管理的基本原理,可能影响食品质量、食品安全的因素,可以归纳为"人机料环法测"这6个方面的内容。而把"人"排在首位,恰恰就是因为人是最容易出现问题的:工作中,出现疏忽、懈怠、马虎、过度自信等,都可能给食品的质量和安全带来隐患。

1. 谨慎原则的教训

实际上,在人类漫长的历史中,尤其是在食品工程的领域中,因违反谨慎原则,而给人类带来灾难的例子,还是相当多的。

最著名的例子,来自古罗马时代。当时的罗马人非常喜欢喝葡萄酒,但囿于酿酒和保存技术有限,葡萄酒变酸是很常见的现象。显然,发酸的葡萄酒并不好喝,把它倒掉却又很舍不得,这种尴尬的局面,曾困扰了罗马人很多年。

不知是什么时候,某个聪明的罗马人发现了一个神奇的现象:把变酸的葡萄酒,倒进铅质的容器里(那个时代,罗马人非常喜欢用铅来制作各种器皿),居然可以在容器的内表面找到一层残留的白色粉末,而且这种粉末很细腻,味道还很甜,能够有效地抵消葡萄酒的酸味。于是,它就给罗马人带来了酸酸甜甜的葡萄酒,这简直是奥林匹斯山上诸神的馈赠!

因此,这个发明很快在罗马人中得到了普及。然而,尽管罗马人的科学技术已经达到了同时代的先进水平,但他们显然还没有归纳出化学、生物化学、毒理学和食品安全学这几个学科,更不知晓其原理:这种甘甜的物质,学名是醋酸铅[$Pb(CH_3COO)_2$],俗名

“铅糖”,是葡萄酒中的醋酸和铅制容器发生化学反应的产物。和其他的铅盐类似,它具有极大的毒性。

具体而言,醋酸铅会损伤人类的中枢神经系统,导致脑细胞损害,让人的行为和思维能力都有所下降;同时,它会损害男性的生育能力,严重时甚至会导致男性不育。但这两种现象,都很容易和“醉酒”的效果混淆,所以在当时并没有引起罗马人的重视。

于是,这种看似甘甜的铅糖,陪伴了罗马人一百多年,让他们的平均寿命和平均子女数量都持续下降,整个社会陷入了无妄之灾。究其原因,还是当时的罗马人,并不知道、更不可能遵循谨慎原则,没有对这样一个陌生的食品原料谨慎地进行安全性评价,从而给曾经辉煌的罗马文明带来了深重的灾难。

然而,人类并不总是能从历史中吸取教训的。在两千多年后,另一个因为违反谨慎原则的案例再次出现,而且还反复发生。

这个食品安全上的事故案例,一般被称为“米糠油事件”。

1968 年,日本福冈县的一家食用油加工厂把生产米糠油的下脚料“黑油”卖给了养殖户用于加入鸡饲料增强营养。然而,一个月内,各地突然就死了上万只鸡。该厂因此赔了一大笔钱。尽管鸡的死亡,不涉及人类的食品安全,但这件事情让当地的市场监督管理部门大吃一惊,毕竟,黑油虽然是作为鸡饲料的,但米糠油是给人类食用的。

随后的调查中发现,问题出在加工过程之中:米糠油的生产工艺里,有一步是“脱臭”,就是在真空下,把米糠油加热到较高的温度,让油里的一些气味较大的杂质挥发出来后抽走,提高米糠油的品质。而要把油加热,就需要介质。该厂选用的加热介质为多氯联苯。而多氯联苯,对人来说是有毒有害的。对于这一点在科学技术上早已阐明。

理论上说,加热的时候,多氯联苯在盘管(一根多次弯曲、缠绕的金属管路)内密封运行,只通过盘管的外壁,向米糠油传递热量。不会直接接触到米糠油,彼此也没有物质交换,所以这套工艺的设计者认为多氯联苯的毒性并不会妨碍米糠油的安全。

然而,在这个过程中,涉及反复加热和冷却的操作。物质存在热胀冷缩的现象,盘管和装米糠油的真空釜也都会发生膨胀-收缩。同时,盘管是用紫铜做的(紫铜的延展性很好,可以反复盘曲),而真空釜则是不锈钢做的(因而非常坚固,可以耐受抽真空带来的重压),两者的膨胀系数不同,就在两者交界的地方产生了较大的应力。久而久之,紫铜管就出现了轻微的磨损,管内的多氯联苯因而渗入了米糠油中。就是这些多氯联苯造成了养鸡场的大量鸡死亡。

然而,这个教训并没有被业界吸取。1979 年,我国台湾地区彰化县的“彰化油脂股份有限公司”,又犯了一模一样的错误。而这次事故的后果,就要严重得多:当地 2000 多人不同程度的受害,皮肤发黑,并出现严重的痤疮,常年不愈;还有多名孕妇因此早产、新生儿出现皮肤发黑。更可怕的是,从毒理学的理论上说,受到影响的婴幼儿,在成长过程中,还会继续出现发育迟缓等问题。

回头看来,日本福冈县的事故,如果说是考虑不周、没能意识到多氯联苯污染的严重后果,那么我国台湾省彰化县的同类事故,就只能说是生产厂商缺乏食品安全意识,没有费心去对待食品安全风险——事实上,该厂的工艺、设备设计人员,只需要动手查一下,就会发现十年前福冈县的类似事故,从而考虑选择更稳妥的加热介质。“秦人不暇自哀,而后人哀之;后人哀之而不鉴之,亦使后人而复哀后人也”。

当然,更多的时候,这种危害还是源于科学技术的彼岸性。也就是说,尽管科学技术在持续进步,但对于每个特定的时期而言,新事物、新发现、新认识、新规律的出现,却又会带来新的、更深层次的问题。因此,客观世界之中,永远会存在尚未被人类彻底认识的规律和事物,不可能达到“全知全能”。听起来似乎有些沮丧,但符合人类认知的客观规律。

例如,人类在1911年发明氢化植物油并将其用于食品。但当人类开始重视反式脂肪酸的危害,却已经是1970年了,中间这60年,就是一个非常危险的窗口期,完全可能导致消费者的心血管疾病风险增加(注:氢化植物油并不直接等同于反式脂肪酸,只有油脂在氢化不完全时,才会出现反式脂肪酸)。

对于如今的食品工程从业人员来说,上述这些案例,都是前车之鉴,我们要竭尽全力去避免。

2. 谨慎原则的具体要求

正如前文所述,食品工业具有涉及面广、影响周期长的特点。因此,食品工程伦理中,对谨慎原则的要求,比一般的工业门类更高。

具体而言,食品工程伦理,要求在考虑任何与食品安全相关的问题时,无论是在开发、制造阶段,还是运输、使用阶段,都必须坚持谨慎、小心,全面地识别每个步骤中的风险,并为它找出可靠的监控、应对措施。在答案模棱两可时,偏向于安全的方向。对待陌生的东西,或者把熟悉的东西用在陌生的场合时,就必须先去证明它在食品上的安全性。如果证明不了,就干脆暂时不去用它。

关于第一点,实际上已经普遍运用于食品生产质量管理体系之中了。无论是ISO 22000—2018体系、HACCP体系,还是BRC、FSPCA认证,逻辑都是要求食品工程的从业人员,主动地去梳理、发现、识别各种可能的风险,无论它看起来多么不起眼,发生的概率有多小,都应该尽量充分地识别出来。然后,再通过“前提方案”和GMP管理措施,加以合理的应对、控制。

同时,对于每一台设备、每一个工艺、每一个清洁步骤,都必须先验证、后使用,而不是推定其可用、适用、有效。在日常运行中,还需要定期再验证和不定期地抽检,一旦发现有某个指标发生波动(即便还没有超出规定的限制),就必须加以调查,弄清原因,确认是否影响食品的质量与安全——这些思路,就是在食品生产过程中,落实谨慎原则的具体表现。

从这个意义上说,在食品生产之中,严格按照各种规范操作,认真对待每一个工艺细节,不仅是职业素养的体现,也是落实食品工程伦理的要求。

二、谨慎原则在食品工程中的体现

正如前文所述,谨慎原则,在食品工程伦理上,体现为对食品工程所有领域内的问题的态度上:小心、谨慎,在证据尚不充分时,选择偏向安全的选项。

实际上,整个食品工程的底层逻辑,就是谨慎原则的生动体现。

1. 对食品相关审批的审慎态度

按照我国的法律、法规和国家食品安全标准，只有经过国家相关部门明文批准的物质，才可以被作为食品添加剂，在指定的食品类别上、按照规定的量去使用。也就是说，如果一个物质未经卫生健康主管部门的预先批准，是不可以用于食品的。这也被形象地称作“白名单制度”，也就是“法不许可即禁止”。

反过来说，在现代社会中，应用白名单制度的领域是非常罕见的。通常的逻辑是：科学技术是飞速发展的，新事物、新应用时刻都可能出现，而审批是需要时间的，很可能让新技术失去了最好的发展窗口。这样一来，实际上就是用行政审批限制和阻碍了创新和发展。因此，很多领域对于新技术、新应用，都是采取了“法不禁止即许可”的逻辑，某个产品、服务，只要没有明显的违反法律的强制性规定，就可以允许它存在，等待市场对其做出验证，也给予它迭代、升级的机会。尤其是在互联网领域，支付宝、微信、共享单车等创新，都是这类先试先行的例子。

然而，食品的安全性实在是太重要了，不容有失。从它的人口覆盖面和日常接触的机会来说，甚至比药品还要重要。因此，对于食品添加剂的监管，各国普遍都采取了有罪推定、自证清白的方式。

类似的原则，也用在新食品原料（新资源食品）的审批上。申请人只有拿出充分、可靠、规范的证据，证明其对人体是非常安全的，才可能获准把这些物质用于食品的生产。

因此，谨慎原则在审批、监管层面，主要就体现为“不为天下先”的取向，要求监管者坚持独立、审慎、尽责的审查原则，不盲目相信国外（境外）的监管措施，更不盲目跟风。对学术界还有争议的食品或食品添加剂、饲料添加剂，在审批上偏向于安全，在没有确切证据之前，暂时不允许在食品中使用。

例如，有一类给乳牛使用的生长激素，统称为“牛生长激素”（rBst/rBGH）。据说，它可以提高乳牛的产乳量，但又不会对人类的健康构成影响。目前，美国食品药品监督管理局（Food and Drug Administration，FDA）认为，使用过它的乳牛，所产的牛乳，和没用过它的乳牛产出的牛乳相比，并不存在实质性的差异，因此批准它合法用于乳牛养殖；但FDA 同时也认为，如果一个牛乳生产企业，没有使用 rBst，就允许在自家的牛乳产品包装上标注“不含牛生长激素”。

对此，在美国的牛乳业界和学术圈里，争论了二十多年，到底它是不是实质性安全的呢？有不少学者支持它的安全性；同时，也有不少学者认为它有致癌风险。实际上，自1990 年开始，欧盟、澳洲、新西兰、日本等地，都是禁止把这类物质加入乳牛的饲料里的。当然，这是一个学术上的争议，本书作者对此不想做出评价，但有一点是可以肯定的：

我国从未批准把这类牛生长激素，用在乳牛身上。

2007 年 1 月，某国际咖啡零售业连锁企业，紧急发表声明：该连锁店在美国的 5000 多家餐厅，将从即日起，全面要求供应商提供不含 rBGH 的牛乳。同时，因为中国从未批准过此类物质的使用（用于乳牛的饲料），所以在中国的各家餐厅，并未受到影响。

一般来说，学术上的争议，终究会在将来的某个时候，得出确定的结论。然而，如果一个已经被批准使用的食品或食品添加剂、饲料添加剂，在运用多年后才被发现对人体有不利影响，那就意味着已经有成千上万的群众或多或少的受害了。即使没有这种后果,批准把尚未充分研究的产品投入市场,从食品工程伦理学的角度而言,是极不负责的行为。

在这方面,另一个生动的例子,就是在对待盐酸克仑特罗的问题上,我国和其他国家、地区之间有巨大差异。

猪肉中既包括了瘦肉(红色),又包括了肥肉(白色),前者富含蛋白质,而后者主要是由脂肪组成的。今天的大多数人,都更偏爱吃瘦肉,不喜欢吃肥肉,因而两者价格差距很大。对于猪肉的生产商(养猪场)而言,如果能调整猪肉的肥瘦比例,多长瘦肉而不长肥肉,经济收益就会明显提高。

而人类的科技,还真的找到了能解决这个问题的钥匙:盐酸克仑特罗及其升级版本"莱克多巴胺",民间一般统称为"瘦肉精"。它的本质是β-受体激动剂,把它掺入猪饲料中,就能够促使猪多长肌肉、少长脂肪。

然而,瘦肉精对于人类并不是绝对安全的:它主要残留、积累在猪的脏器之中,人吃了这些脏器,易引发手抖、哮喘、心动过速等严重不良后果;而一旦养殖户超量使用,对人体的危害就更大了。

因此,我国对于瘦肉精及其类似物,是严格禁止在饲料中使用的。如果有人顶风作案,非法生产、销售、使用瘦肉精,就会触犯刑法。例如,2011 年,河北省发生的"瘦肉精事件",就是刘襄、奚中杰等 5 人,组织生产盐酸克仑特罗,并将其卖给养猪场,非法所得共计 250 万元。最终经法院裁定,所有被告人都犯有"以危险方法危害公共安全罪",两名主犯分别被判处死刑缓期两年执行、无期徒刑,其他从犯分别被判处有期徒刑。此判决的结果便足以看出我国对查禁瘦肉精的态度是非常坚决的。

相反,在美国和欧洲一些国家,瘦肉精是可以合法添加到猪、羊等肉用动物的饲料中的。

究其原因,部分是因为中国和欧美国家的饮食习惯差异(在中国菜肴中,猪的脏器有独特的地位);更重要的是,一旦监管上出现漏洞,有不法之徒为了牟取暴利,故意超量使用瘦肉精,则这些猪肉就会给广大群众的健康带来严重的损害,风险极大。

当然,也有观点认为,这种在食品相关审批上谨慎、保守的态度,可能会让我国的食品生产企业,在国际竞争中处于不利的地位,影响企业、行业的发展。

对此,本书作者认为,引用习近平总书记的一个观点,就是对这个问题最好的总结:

"人民至上,生命至上,保护人民生命安全和身体健康,可以不惜一切代价!"(《在参加十三届全国人大三次会议内蒙古代表团审议时的讲话》,2020 年)

2. 对转基因食品的审慎态度

此外,不得不提到一个非常有争议的问题:转基因食品(genetically modified foods, GMO)。

正如已经在《生物化学》中学到的那样,转基因并不是一个多么可怕、多么深奥的技术,在农业上已经有不少成功的应用,如转基因棉花、转基因大豆、转基因三文鱼、转基因木瓜等产品,在提高产量、抗击病虫害(因此而减少植保产品的使用)、提高产品的品质等方面都有不错的成绩。从现有的研究上看,还没有可信的证据,足以证明上述转基因食品对人类的健康带来了风险。也可以说,它们被认为是和现有的非转基因农产品"实质等同”。

然而，我国在转基因食品的批准和推广使用上，步骤相当谨慎。尤其是在主粮方面。2020 年 11 月，农业农村部在对人大代表提出的意见进行反馈时，明确指出：“我国没有批准任何一种转基因粮食作物的商业化种植。”截至 2023 年，我国批准使用转基因种子也仅限于大豆和玉米。

这种谨慎遭到了一些业内外人士的批评，认为这种做法只会让中国的粮食作物，特别是育种技术赶不上时代的发展、失去竞争优势。也有人认为，转基因食品的安全性，在技术上依然存在争议，更重要的是，影响的范围非常之大，问世的时间又相对很短，存在着一定的不确定性。然而尽管我们还没有发现转基因主粮存在对人体的远期危害，但这也可能是因为观测时间太短、试验样本太小所致，或者是因为目前人类的分析技术水平的局限性，还不能识别、确定一些非常隐蔽但又能缓慢干扰人体正常功能的风险。

从整体布局看来，我国农业农村部相关部门，对于转基因主粮的态度是很明确的：允许、鼓励进行实验室研究，同时，严格地把控生产应用安全证书的发放、品种管理，按照“非食用-间接食用-食用”的路径，审慎、稳健、有序地推动转基因粮食作物的研究。本书作者认为这便是对“谨慎原则”的践行。

总之，谨慎原则要求食品工程的从业人员，无论是在食品工程中的哪一个环节工作，都必须把谨慎原则贯穿于工作之中，本着对人民高度负责的态度，谨慎、认真、实事求是地处理那些带有不确定性的风险，让人民吃得放心，对历史负责。

第六节　尊重消费者原则

这一原则，要求在食品产业链的各个阶段中，都必须尊重消费者的人格尊严和心理感受，也必须尊重消费者在文化背景、宗教信仰、民族习惯等人文领域内的差异。简而言之，把消费者视为和生产者平等的个体，做到“平视”消费者。

和“生命健康至上”原则相比，“尊重消费者原则”侧重于情绪、心理、感受等方面，但这并不是说，它就因此而并不重要。事实上，无论是对消费者的身体健康造成损害，还是对其精神体验造成损害，都会极大地侵害消费者的权益，也给食品工程的从业者带来各种不必要的麻烦，都是应该竭力避免的。

下面，我们对着尊重原则的伦理的几个具体要求，分别加以详述。

一、尊重消费者的人格尊严

每个人的人格尊严，和他的生命安全、身体健康一样，都是应该被尊重的，尤其是对于生产商、销售商而言，更应该尊重消费者的人格尊严。

当然，绝大多数情况下，食品工程的从业人员，是不会去主动侵犯消费者的人格尊严权的。但必须强调的是，世界是多元化的，因历史文化、宗教信仰、民族习惯、性别、年龄等差异，不同的人群喜欢、憎恶、忌讳的东西也有所不同，作为生产厂商，应努力避开这些不必要的争议。

例如，在中国文化中，“长寿”被认为是一种带有尊敬和祝福意味的词语，而有些欧美国家的文化中，则将“年长”和“衰老”等同起来，对此非常介意，故在主打出口的产品中就需要额外留意此类问题。

而最容易冒犯和触怒消费者的，往往和广告中的性别歧视有关，在现实中已经有了许多的例子。

例如，某款巧克力曾经做过一系列的广告，主打的广告语是“饿货，来条×××”，广告中充满反差的画面：未食用该款巧克力之前，广告中的人物无精打采；食用了该款巧克力之后，广告中的人物浑身是劲。这个系列的广告还曾请到姚明、憨豆先生等明星做代言人，当时引起了较大的关注。

然而，这个系列的广告中，也曾引发一个具有争议的例子：在球场上，一个造型为弱不禁风“林妹妹”的守门员表现不佳，直到他食用了该款巧克力，赫然变身为彪形大汉。这当然是艺术的夸张手法，但也有不少人表示了质疑：这算不算是对女性的刻板印象、性别歧视呢？同时，广告中“饿货”一词，可能会让部分消费者感到冒犯，也是具有争议的做法。

此外一些更深层次的冒犯，则可能产生于不同国家、地区的产品标准差异之中。我们都知道，世界各国、地区，对于同一类食品的标准，往往是存在差异的。然而，这种差异，并不应该成为歧视消费者的理由。

例如，2021 年夏天，某一款价格相对较贵的雪糕（冰淇淋），被曝出了“双标事件”：该公司在销往欧洲的雪糕中，大量使用了动物奶油；而在中国大陆销售的同款产品中，则大量使用了植物油脂。尽管厂家用“植物油脂更绿色环保”“鲜乳运输到中国成本太高”等为由，但还是引发了极大的舆论风波。对此，很多消费者公开表达了不满：一块小小的雪糕，居然在国内外实行两套标准；而且植物油脂的成本比动物奶油低很多，但这种雪糕的售价依旧很贵，这是在歧视中国的消费者吗？甚至有网友质疑，“难道中国人就不配吃牛乳做的雪糕吗？”

当然，这些批评中含有一些调侃的成分。但此事件本身，很好地诠释了尊重消费者人格权及尊严权的意义：一旦触怒消费者，企业的经济效益和社会形象很可能就会在一夜之间崩塌。不尊重消费者的情感，不真诚地面对消费者的诉求，就可能让企业在研发、生产、宣传、营销上的努力付诸东流，这就是尊重原则的价值所在。

二、尊重消费者的个体差异

1. 宗教、文化和习惯的差异问题

文化、历史、宗教上的差异，对大部分普通消费者并无影响，但对于特定群体的消费者影响很大，这也是食品生产中需要额外注意的问题。

例如，一些宗教是禁止进食含有猪肉、猪油成分的食品；禁止食用动物的血制品（例如，我们熟悉的毛血旺、鸭血粉丝汤之类）；禁止食用贝类；禁止食用牛肉及其制品；要求吃素食……诸多限制。

类似地，随着社会经济的发展，也有少数群体认为，素食才是健康的，也才是对地球友好的饮食方式。

对于上述饮食上的禁忌和偏好，食品工程的从业者，究竟该如何看待？本书作者认为，从食品工程伦理的角度出发，尊重消费者原则，就是这个问题的最好依据。

首先，消费者的人格必须得到尊重。包括他们基于民族传统、宗教观点、历史文化而衍生出的饮食文化。作为食品工程的从业者，我们完全没有必要，也没有理由去评论这种饮食文化是否合理、是否符合现代营养学的观点。我们该做的，就是让消费者充分知情，并依据自己的饮食文化，自主选择是否购买、食用我们生产的食品。

当然，生产出的食物不可能同时满足所有消费者的饮食文化。尊重消费者原则的含义在此处的体现为：让消费者充分地知情，能够从食品的外包装上，清楚地意识到我们生产的某个食品中含有哪些成分，使用过什么样的材料进行加工。

如果我们生产的某种食品，预期用途涉及特定的地区，而该地区的主流人群，又有比较多的饮食禁忌，那最稳妥的方案，就是预先申请涉及此类人群饮食禁忌问题的食品认证，由专业人士帮助食品生产企业避免各种误会。例如，有些宗教是禁止饮酒的，则该宗教对应的食品认证程序中，要求生产企业在食品的生产全过程中，不得使用酒精喷雾的方式给直接接触食品的设备表面、工作台和操作人员的手部消毒，这样的细节问题，普通人是几乎难以想到的。

2. 对食品过敏问题的特别关注

一些消费者的饮食禁忌，并非出于宗教、文化、民族习惯等因素，而是出于非常实际的身体原因：对特定饮食成分的过敏。

所谓过敏，就是某个个体在接触到某种特定的外来成分之后产生的强烈免疫应答，其程度远远超出了正常水平。关于过敏的形成原因，学术界有很多种说法，本书在此就不赘述了。而过敏所带来的麻烦，轻则皮肤出现红斑、风团丘疹、水疱等症状，重则可能导致呼吸困难、休克等剧烈的过敏反应，甚至可能造成死亡。

无论是从前面说过的“生命健康至上原则”“知情原则”，还是从“尊重消费者原则”出发，食品工程伦理都要求我们，必须采取合理措施，避免消费者因为食用我们生产的食品后发生过敏反应。

在工业生产的食物中，可能的过敏原种类有很多，几乎涵盖了所有的食品原料。因而我们不太可能生产出一种“让所有人都不会发生过敏”的食物，故一般选择在食品的外包装上做好过敏原提示的方式来避免过敏人士食用。

具体而言，就是要根据食品生产所用的原料，在外包装上提示产品中可能含有的过敏原，例如鸡蛋、花生、海鲜等。如果生产食品 A 的生产线同时也会用于生产其他的食品 B、食品 C，而食品 B 或食品 C 中含有食品 A 中并不存在的过敏原，那么，出于谨慎原则，我们也需要在食品的 A 的外包装上，提示“本产品的生产线，还被用于生产食品 B、食品 C”。

这样的过敏原提示，不仅是对消费者的生命健康负责，更是体现了对消费者的尊重。当消费者看到食品包装上，提示语中包括了某种过敏物质时，就知道是否适合食用该食品了，同时也能看出食品生产企业的良苦用心。

总之，对消费者的尊重原则，就是要尊重消费者在人文和身体两方面存在的个体差异，尽可能地让他们对关心的问题充分知情，展现食品从业人员对消费者的友善和尊重。

小结

在本章之中，主要介绍了食品工程伦理的6个基础性的原则：不伤害原则、生命健康至上原则、知情原则、效用原则、谨慎原则和尊重消费者原则。这6个原则，从不同的角度为食品工程的从业人员划出了伦理学的底线。简而言之，它们要求食品工程必须把消费者的生命和健康放在首位，十分谨慎地对待可能引入的风险；如果必须引入风险的话，一定是能因此而带来更大的利益，方才具有正当性。同时，必须满足消费者的正当需求，能够充分地了解食品生产过程中与安全相关的信息。必须注意尊重消费者的情感和人格尊严。

在食品工程中，无论处于哪个岗位、完成什么任务，上述原则都是普遍适用的。

在后续章节中，我们将分别说明，上述伦理原则，在食品链的各个部分中，相应的具体要求是什么。

思考题

1. 在满足知情原则的前提下，“不伤害原则”的伦理要求是否还需要被遵循？例如，当消费者经过提示，已经明知某种食物可能不利于健康，但依然坚持食用，此刻食品工业的从业人员，是否还有伦理上的责任？

2. 普通消费者对于食品工程的术语、概念并不会很了解，其知情权也会因此而受到实质性的限制。作为未来的食品工程师，你认为可以从哪些方面来解决这个问题？

3. 某网红奶茶连锁店，日前被曝出用奶茶粉冲泡奶茶，而非它一贯宣称的“用茶叶现泡”。有人认为，奶茶粉同样是安全的，也不会给奶茶的营养和口味带来明显影响。你认为这种观点是否合理？

4. 很多消费者都知道，烧烤的肉制品，可能含有致癌物苯并芘，带有健康风险。但他们依然会选择这类制品，知情与否并未带来实际影响。你认为这和本章所述的“知情原则”是否矛盾？

第五章　对食品链各部分的具体伦理学要求

学习目的与要求：

1. 掌握食品工程伦理，在食品链中各部分的具体要求。
2. 理解这些要求背后的逻辑所在。
3. 懂得“大食物观”在各环节中的体现。
4. 熟悉我国传统文化中食品工程伦理的萌芽过程。

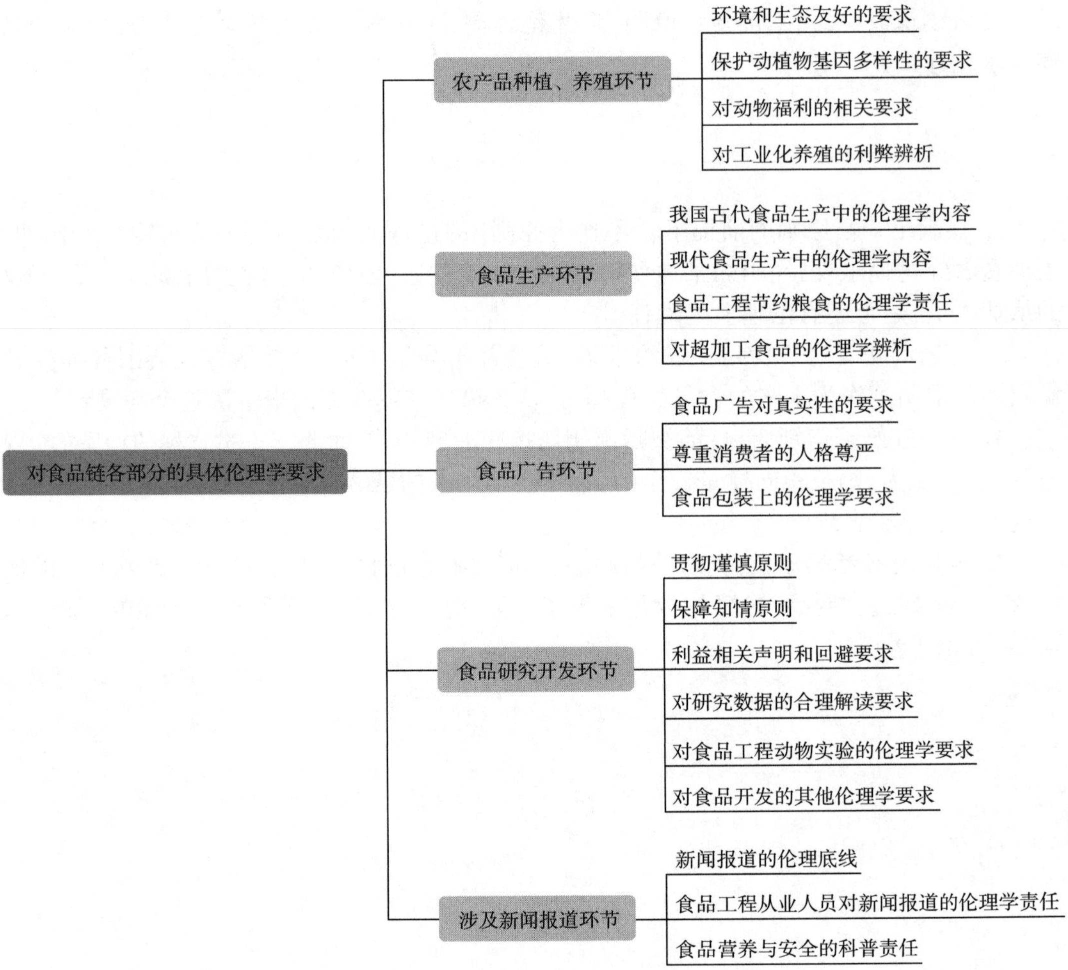

在本章中，我们将从整个食品产业链入手，把第四章中提到的那些抽象的、概括的伦理学原则，结合每一环节的特点，形成具体的、可操作性更强的要求。

具体而言，本章将从农产品的种植养殖环节、食品的生产环节、食品的研究开发环节、食品的广告宣传环节及涉及食品有关事件新闻报道这 5 个方面,逐一介绍上述伦理原则分别体现为哪些细节问题。

第一节　农产品种植、养殖中的伦理学要求

以人类目前的科技水平,在食品工程中最初的一环是食品原料的采集,即农产品的养殖、种植、捕捞、采摘过程。虽然这部分更接近于农业,但考虑到如今的食品工程产业链里,原料生产已经是非常重要的一环,故也放在本书中进行讨论。在这个环节中,就存在一些相应的伦理学要求,主要体现为人和自然环境之间的辩证关系。

一、对环境和生态友好的要求

目前,人类对食品原料的种植、养殖、采集、捕捞等过程,几乎都还依赖于自然界和自然界产生的物质交换。尽管在一些国家和地区,已经出现了工厂化的无土栽培,尤其是在蘑菇、番茄、草莓、芽菜等品种上有了比较成熟的技术,但从农业的整体规模而言,完全不和自然界发生物质、能量交换的农业生产,目前来说比例还是非常小。

作为第一产业的农业,在很大程度上为食品工程提供服务(例外是棉花的种植是为纺织工业提供原料)。因此,食品工程本身的价值选择会直接影响到农业的价值取向,间接地对环境、生态产生有利或不利的影响。从这个角度上说,食品工程伦理也和生态、环境有着巨大的联系。

因此,我们同样需要在食品原料的种植、养殖、采集、捕捞等过程中,强调一定的伦理要求,以促进人和自然的和谐发展。具体而言,有以下几个方面的内容:

1. 不加剧对生态和环境的紧张关系

如果说农业可以完全不影响生态和环境,那当然是骗人的。种植需要改变地形地貌,改变原有的植物物种分布(例如,大面积的梯田代替了原始的植被),需要使用大量的水来进行灌溉。更不用说,农业科技创造、改造了许多自然界原本不存在的植物品种,再加上农药、肥料等植保产品的使用,对水体、土壤都有难以避免的影响。

养殖,则需要被大面积地啃食牧草或供应足够多的饲料。采集、捕捞直接从环境索取食品原料,过程中还会对作业周边的环境产生干扰。

为食品工程提供原料的农业会在一定程度上造成人与自然环境的紧张关系。想要完全避免这种干扰、对立,以人类目前的科技水平,是很难实现的。国外有些比较激进的“环保主义者”,坚持只吃野生、自熟的果实,且不说从营养上是否能满足人体的需要,至少对人群整体而言,无法让大家吃饱——现代农业,之所以能支撑越发庞大的人口,离不开农业机械化、水利工程建设和农业投入品的使用。然而,对人类来说,并非可以随心所欲,应尽可能不要加剧人和自然的紧张关系。具体而言,食品工程及其从业人员,在有其他选择的条件下,应该尽量减少对原料的滥用,尤其是对那些可能带来严重环境、生态问题的原料的索取。

例如,鱼翅来源于鲨鱼的鱼鳍,而鲨鱼目前并没有规模化人工养殖的成功实践。也就是说,每一片鱼翅,背后都是对鲨鱼的捕杀。类似地,燕窝涉及对金丝燕的巢穴的破坏

(如果不是用假货冒充的话),对这种濒危物种带来极大的损害。这些行为,多少都会给当地的生态环境带来不可逆的、严重的负面影响。实际上,营养学已经证明,燕窝和鱼翅并没有什么特殊的营养价值;它们也没有被证实具有治疗和预防疾病的效果,故以如此之大的生态环境影响作为代价去食用是很不值得的。

类似地,一种被称为“发菜”的植物,本身并没有特殊的营养成分。但因其名字的谐音类似“发财”,一度受到市场追捧,身价节节走高。一些地方的采集者因此而滥采滥挖,甚至用拖拉机在进行拖网式的采摘,给当地的草原带来了极大的破坏。最终,2000 年,国务院发布《国务院关于禁止采集和销售发菜制止滥挖甘草和麻黄草有关问题的通知》(国发〔2000〕13 号),明令禁止任何个人与单位,采摘和销售、出口发菜,也算是一个相当无奈的决定了。

发菜问题

而在国外,牛油果的种植问题,也引起了较大的争议。牛油果无毒无害,营养丰富,其中的几种脂肪的比例也比较适合人体。然而,牛油果的种植周期较长,整个过程中,需要耗费很多的水。按照墨西哥研究人员的观点,市场上每 1kg 的成品牛油果,背后就要消耗大约 2t 的水。这个耗水量,是番茄的数倍、生菜的十几倍。而牛油果的主要生产地,包括了一些中美洲国家,这些国家的水利设施并不发达,长期处于缺水状态,种植牛油果就严重加剧了农业用水的矛盾。尽管种植牛油果是当地农民的自愿选择,也确实提高了他们的收入(牛油果甚至被墨西哥人称为“绿色黄金”),但从环境、生态友好的角度来看,的确不是一种理想的食品原料。

还有一个典型的例子,就是“戈壁西瓜”。这种瓜本身并无什么特殊之处,无论是食品安全性还是营养价值,都与普通西瓜没有本质差别。它的名字来自于种植地区:我国西部的一些荒漠地区,因为昼夜温差较大,糖分含量较高,自然口感不错,上市后颇受欢迎。然而,在戈壁荒漠上种植这种西瓜,就需要在荒地上先铺一层 10cm 厚的砂石,再将砂和土混合,方能种植西瓜,因而被称为“压砂种植”,这种砂石只有从附近的山上开采。久而久之,加剧了土壤沙化。此外,种植西瓜需要大量的水,而荒漠地区的地表水非常稀缺,种植户们往往只能依靠打机井来抽取地下水浇地,短时间内,造成了地下水位的明显下降。另外,为种瓜而使用的农药和化肥,对于脆弱的荒漠生态系统而言,影响也比普通土地上要严重得多。当地群众形象地将这种压砂种植称为“苦了老子,富了儿子,坑了孙子”。

有鉴于此,我国宁夏回族自治区中卫市于 2020 年开始有序推进压砂种植西瓜的退出工作,并给予瓜农补偿。这就是“宁要绿水青山,不要金山银山”的生动实践,也是食品工程的种植环节中,实施环境友好要求的榜样。

此外,有些食物本身是具有较高的营养价值的,但因为它们的捕捞,对于野生动物的保护非常不利,往往也就处于极大的争议之中。两个最典型的例子,就是商业捕鲸和捕猎海豚。前者为国际公约所禁止,但日本屡次以“科学考察”为名,大肆捕鲸,引来了非常多的批评;后者捕猎手段非常残忍,被纪录片《海豚湾》披露之后,引起国际舆论一片哗然。事实上,这种竭泽而渔的做法,对于海洋资源也是一种掠夺性的使用,加剧了人和自然、生态的紧张关系。

上述这几个例子,有些是本身营养价值不高且有很多廉价的替代品,有些是营养价值较高,但总体而言,都是对环境、生态非常不友好的食物原料。尽管从法律、法规的角度上说,并没有明确禁止它们的理由(发菜除外),但对于食品工程的从业人员而言,食品工程伦理要求我们尽可能地考虑生产与自然之间的和谐关系,尽量不去加剧两者间的紧张关系——至少没有必要大量地使用此类对环境、生态不友好的食品原料。

2. 食品工程和生态、环境的辩证关系

在第三章第二节中,本书作者曾经表示是支持全民合理使用肉蛋乳的,那么,此外又提到食品原料,应当选择那些对环境、生态友好的,是否自相矛盾呢?

实际上,这两者并没有冲突。本书作者认为,优质、足量的肉蛋乳,是保证全民身体健康和良好身体素质的基础;而这里的肉蛋乳等食物,完全可以从那些对环境和生态友好的农业活动中获得。

例如,海洋鱼类的捕捞的确是一个很影响海洋生态的问题。因为海洋生物中的食物链关系非常复杂,一旦某种海洋生物被过度捕捞,就可能导致食物链断裂,进而导致整个海域的食物网络崩溃。这里的海洋生物,并不单指鱼类,而是泛指一切海生动物,无论是磷虾、帝王蟹,还是海带,都可能引发不可控的海洋环境损害风险(例如,不起眼的磷虾,就是南极企鹅的食物。卡通片《美丽的大脚》中就对这个问题有过描述)。

同时,海鲜对于改善全民的饮食结构、丰富饮食生活,也有着不可替代的作用。公海上的海产品近些年来就遇到了某些国家滥捕滥捞的问题,对自然环境造成了严重的伤害。

而我国作为一个负责任的大国,不仅对国内的自然和生态加以保护,也在海产品问题上努力地尽到自己的国际义务。通过网箱养殖、沉笼养殖的方法,自中华人民共和国成立以来,逐渐扩大海产品的养殖规模,平稳下降捕捞总量。2019 年,我国的海洋捕捞产值只有海洋养殖产业的 2/3,我们餐桌上的海鲜大概率来自于“海洋牧场”而非渔船,这极大地缓和了饮食结构改善和海洋生态环保之间的紧张关系。

我国农业部 2016 年发布的《农业部关于加快推进渔业转方式调结构的指导意见》中,对于养殖和捕捞,都分别做出了原则性的要求:“以创新、协调、绿色、开放、共享发展理念为引领,坚持提质增效、减量增收、绿色发展、富裕渔民,大力推进渔业供给侧结构性改革,以健康养殖、合理捕捞、保护资源、做强产业为方向,转变养殖发展方式,压减低效、高污染产能,大力发展标准化健康养殖。”

由此可见,发展与环保,在食品工程的实践中,只要我们能够将环境和生态友好放在心上,依靠科学技术的进步,积极地采取各种措施,是完全可以实现双赢的。正如《2030 年可持续发展议程》中提到的第二个目标所述,“改善营养状况和促进可持续农业”,两者并行不悖,都是农业和食品工程行业需要共同努力的目标。

而这一要求的根本落脚点,是对子孙后代负责的态度,是对自然环境负责的态度。就像习近平总书记强调的那样:“我们既要绿水青山,也要金山银山。宁要绿水青山,不要金山银山,而且绿水青山就是金山银山。”(习近平在哈萨克斯坦纳扎尔巴耶夫大学的演讲,2013 年)

二、保护动植物基因多样性的要求

在绪论中,我们已经提到过,自然界的基因多样性,对于生态保护而言是意义巨大的。即便是对于农业和食品工程而言,动植物的基因多样性,依然是一个丰富的宝库。因此,作为食品工程的从业人员,从伦理上说,有责任去协助这种多样性的保护。

1. 动植物基因多样性的社会价值

在对《2030年可持续发展议程》的官方解释中,就明确提到了对基因多样性的重视:"到2020年,通过在国家、区域和国际层面建立管理得当、多样化的种子和植物库,保持种子、种植作物、养殖和驯养的动物及与之相关的野生物种的基因多样性;根据国际商定原则获取及公正、公平地分享利用基因资源和相关传统知识产生的惠益"。

这个目标的确是非常有意义的:它认为基因的多样性对于自然环境、对于世界各个国家和地区都是有巨大的、正面的、深远的意义,因而应该予以高度重视;同时,这种多样性带来的益处,应当由世界各国人民公平的分享,而不是被几个国家甚至几个跨国企业所垄断。

从这个意义上说,倘若一个国家和地区(甚至是多个国家或更大范围),所种植的某种主要粮食作物,种子完全依赖于某一家跨国公司来供应的话,那就往往意味着巨大的不公平——当种子的供应被垄断时,价格的决定权就在卖方,剥削随时可能发生,让农业生产的利润因购买种子的花费而大量流向国外,从而使本国的农产品丧失竞争力。

同时,这种供求关系,在战略层面上也很危险。当广大农户对某个特定的种子产生了高度依赖之后,再想改用其他品种的种子,是需要一定时间的调整和摸索的。倘若某一天,因为各种原因突然发生了种子断供,则爱尔兰大饥荒的悲剧很可能就会重现。

据说,在春秋战国时,有一次吴国遭遇天灾,农业歉收,遂向邻国越国借春耕用的种子。越王勾践慷慨答应,暗地里却命人把部分种子炒熟之后,混在正常的种子里,再送给吴国播种。这样的种子,发芽率当然很低,直接导致吴国错过了那一年的农时,全国发生了严重的饥荒,进而导致内乱——越国趁机发动进攻,一举灭吴。尽管这个故事的真实性无从考据,但把种子作为战略武器,也并非不可能的事情。

本书作者认为,作为一个忠诚于祖国和民族的食品工程从业人员,作为中华民族伟大复兴的参与者,我们理应对这种风险保持足够的警惕,尽量避免这种事件的发生。

2. 动植物基因多样性的技术意义

从技术上说,之所以如此强调基因多样性的意义,也是因为在生物工程之中(包括育种技术),生物的多样性往往能提供更多的选择,甚至是意想不到的效果。例如,袁隆平老先生的水稻育种,就是从一株意外发现的"野败"开始的。而在生物工程技术不断发展的情况下,谁都无法预测,某一个不起眼的植物基因,是否会突然成为提高产量、抵抗病害、增强环境适应能力的神兵利器。而当一个动植物的物种灭绝之后,它所带有的基因多样性也就随之消失,至少想要再加以利用,难度会陡然增大很多。

同时,在有些特定的地区(尤其是高寒、干旱、高海拔等不利的自然环境),适合种植的粮食作物是很有限的。这就意味着,如果不能妥善地保存这些粮食作物的种子(包括块茎等繁殖材料),一旦出现天灾人祸,现有的作物大量被毁,那想要再恢复规模化的种植,就非常困难了。

鉴于此,由挪威官方出资,在斯瓦巴岛上的北极点附近,建设了一个“世界末日种子库”(The Svalbard“Doomsday”Global Seed Vault)。该种子库位于一座大山之中,整体位于十多米深的地下,据说一共保存了超过两千万颗的种子(也包含一些其他植物繁殖材料,来自于4000多种植物,主要是粮食作物)。整个仓库非常坚固,再加之本身就处于非常寒冷的地区,因而这些种子可以安全地保存数百年到上千年之久。一旦人类有需要时,其中的种子就可以取出一部分供繁殖和研究使用。

我国也很重视类似的“种子库”的建设。例如,在我国的云南省昆明市,就有一座亚洲第一、世界第三的野生植物种子库。不过,它主要是用于野生植物的保护,和粮食作物关系不大。

这种未雨绸缪的做法是很有远见的。实际上,挪威的末日种子库,还真的发挥过一次作用。叙利亚战争期间,位于阿勒颇的一个地区性的种子库被毁。2015年,当地的科技人员向该种子库发出请求,取出了130箱适合中东地区条件的粮食作物种子,用于农业重建。这个例子足以证明,动植物,尤其是和食品工程相关的物种,其基因多样性的重要性。

然而,有一点还是要明确的:保护动植物品种的基因多样性,仅靠种子库或极少量的种子培育基地、品种动物保育基地,依然是很脆弱的,就像是“把所有的鸡蛋,都放在一个篮子里”,一场灾难、一次意外,就可能让所有努力付诸东流。真正能让多样性得到保护的做法,是让这些动、植物能够在实际的农业生产中,占据一席之地,在广袤的大地上,保存和延续它们的基因。

3. 食品工程伦理对基因多样性的要求

相应地,对于食品工程从业人员而言,我们也负有保护动植物基因多样性的伦理要求。

当然,对动植物基因多样性的影响,首先取决于农业部门的科学技术人员,毕竟,在绝大多数时候,食品工程从业人员,都是被动地接受食品原料的,而此刻原料的基因多样性早已固定。

不过,我们也并不是对此完全无事可做。在养殖和种植业中,普遍存在一种或几种动植物品种占据市场绝大部分的份额的情况,这是市场竞争导致的结果。符合绝大多数人口感偏好又具有价格优势的品种是最容易被消费者所接受的。

然而,我们也完全可以努力为那些小众而有特色的动植物品种搞开发、找出路、拓市场。例如,在猪的养殖行业中,大约克猪、汉普夏猪、长白猪、杜洛克猪、皮特兰猪等几个著名品种,在世界各地都有大量的分布,在我国也被广泛地养殖。这几种品种的猪,瘦肉率高、繁殖率高、对饲料要求低,所以很快大面积地推广开来。然而,这种一边倒的局面,也造成了我国地方品种和自主繁殖的特色品种“失宠”,被养殖户所摒弃。在2008年的一份研究报告中认为,目前我国的地方品种猪,占据的比例不到5%,剩下的95%都被这几种著名的品种猪所占据。也就是说,猪这个物种的基因多样性,在我国甚至世界范围内,都被极大地削弱。这不仅是动物育种科学技术的损失,更意味着巨大的风险:因为猪的品种高度趋同,对疾病的抵抗能力也高度一致;倘若一场世界范围内的猪瘟来临,科技人员又无法及时找到特效药物的话,就可能导致各地的猪只大面积死亡,全人类饲养的猪只总数,就可能在短时间陡然锐减,为人类的食品可及性带来巨大的不确定性。大麦克香蕉的教训殷鉴不远。

反过来说,我国还是有很多地方的特色品种猪,至今仍被小规模地饲养。例如生在高原地区的“藏香猪”,虽然饲养成本高(料肉比很低)、繁殖难度较大,但其肉质细嫩,具有特殊的香味,就是它的优势所在。针对它的特色,开发各种猪肉制品,尽量获得市场的认可,就是为这种“小而美”的品种猪的延续、发展起到了巨大的助力,也为保护动植物的基因多样性做出了自己的贡献。

当然,这种要求并不是法律、法规所提出,甚至和职业道德无关。它只发源于食品工程伦理,是对各位未来的食品工程师的历史责任感和生态环境意识所提出的一个非常高的期待。但愿各位能在今后的工作中,能时常想起这个事情,为中国本土的动植物基因多样性,做出力所能及的贡献。

三、对动物福利的相关要求

严格地说,关于动物福利的问题和动植物基因多样性的问题类似,主要都是由农业部门的科技人员负责的。然而,作为动物养殖行业的下游行业,掌握一些动物福利的基本观点,还是有一定意义的。

具体而言,这主要是食品工程的从业人员,应当要求、督促动物产品的养殖者和供应商,按照公认、合理的动物福利标准,在动物的养殖、屠宰和粗加工中加以贯彻。

1. 动物福利的基本要求

当然,什么是“合理的”标准,并不是没有标准,而是标准太多,不知道该选择哪一个才好。在有机农产品认证、BRC 体系认证、FSPCA 认证等食品质量体系中,都对动物福利做出了大同小异的规定,其中比较相似的主要内容,大致是如下几项:

在动物的饲养过程中,应保证相关设施和环境符合动物所需的基本条件。例如,笼舍的高度、养殖密度决定了动物能否有一定的活动空间。此外,这些设施应该能够为所有动物提供足够的、清洁的食物和饮水;能在恶劣天气里提供冬暖夏凉、遮风避雨的环境。

此外,在动物的日常管理上,应该遵循人道主义,不虐待、恐吓动物。对生病的动物予以治疗,对病死的动物予以无害化处理。在屠宰时,应避免动物受到惊吓,并尽可能地实现无痛、快捷的屠宰流程。

另外,还有一条不太常用的原则:禁止将同一物种的动物及其制品,作为动物的饲料。这主要是“同种不得相食”的伦理底线要求。

2. 强调动物福利的意义

可能有读者会觉得奇怪,强调动物福利,对于食品工程行业,又有什么好处呢?

通说认为,当一个动物产品的饲养者、供应商,漠视甚至无视动物福利时,对动物养殖场所的管理往往也是非常糟糕的。例如,一个养鸡场里,鸡只的养殖密度极大、活动空间不足,那就难以避免鸡只之间的打架、互啄,让鸡肉质量下降;类似地,一个跑风漏雨的养猪场,更不可能保证猪的清洁,也更容易出现各种疾病。

此外,普遍认为,如果动物在屠宰时受到了惊吓或经历了长时间的痛苦,就会因为应激反应而导致肾上腺素分泌,甚至让肌肉产生非病理性的变化。而这些应激反应,都会导致猪肉、猪肝、猪肺等可食用部分的品质下降,对于食品的质量而言,并非好事。

而“同种不得相食”,不仅是一个伦理上的问题,还有非常实际的教训:

20 世纪 90 年代,疯牛病(mad cow disease)席卷欧洲大陆,这种疾病不仅会伤害牛的大脑,更可以通过食用而导致人类的大脑出现空洞,且完全没有药物可以治疗,一度引起了极大的恐慌。而疯牛病流行的后果,是大量的牛被预防性屠宰。仅在英国,就屠宰、无害化处理肉牛超过一千万头,让肉牛养殖行业遭到了重创。

而事后的调查认为,导致这种疾病发生、传播的重要原因,就在于养殖者违反了“同种不得相食”的伦理禁忌。当时英国的养牛行业,普遍存在把牛骨磨粉后加入饲料之中的做法(为了补充钙质),而朊病毒是很难被常规的加热等消毒手段杀死的,就随着骨粉感染了牛;这些牛死后,又会变成骨粉,感染下一头牛……最终,骨粉的循环,加速了疾病的快速传播。这个教训非常值得我们借鉴。

此外,漠视动物福利的养殖者,非常容易引起社会舆论的谴责,进而给其下游的食品生产企业造成社会声誉上的负面影响。例如,药品行业就有一个例子:2012 年,某药品生产企业,被指责通过极不人道的办法,在活着的黑熊身上长期提取胆汁,造成这些黑熊的身心健康遭受了极大的损害。消息一出,全国舆论对其口诛笔伐,企业声誉遭到严重的负面影响。事后,该企业辩称,“活熊取胆”的说法不实,对黑熊的福利是有所照顾的。对于此事的是非对错,本书作者不予置评,但事情的后续影响还是很明显的:次年,该企业的上市计划被迫搁置;2016 年,该企业再次试图上市,依然遭到了大量的质疑,最终未能成功。

实际上,我国的传统文化中,也对动物福利问题有过明确的建议。在《孟子·梁惠王上》中,就讲了一个有趣的故事:某一天,梁惠王看到手下,牵着一头牛,从堂下经过,就问这是要干嘛?手下说,这是准备杀牛,用牛血来涂钟(“将以衅钟”)。这是当时的一种常见做法。梁惠王表示,看着牛害怕的样子,就很不忍心,不愿意它无辜而莫名其妙地被宰杀。手下又问,那么,涂钟的事就算了嘛?梁惠王回答说,换成羊血呗。对于这个前后矛盾的行为,梁惠王解释说,这是“仁义”的要求,因为看到了牛,就不忍心杀了它;但没有看到羊,所以就不存在这个心理障碍了。“君子之于禽兽也,见其生,不忍见其死;闻其声,不忍食其肉”。

对于这个故事,有很多不同的解读,但有一点是能够形成共识的:我们的传统文化,并不反对用动物作为食品来源,但反对让动物承受不必要的痛苦,并将其视为“仁”的一种具体要求,这和今天提倡的工程伦理颇有几分神似。

总之,在养殖动物福利的问题上,虽然食品工程的从业人员,并无直接的责任,但从对企业形象和产品质量负责的角度而言,也从普遍的善意出发,还是有必要对供应商进行提醒与监督,完成自己的食品工程伦理责任。

四、对工业化养殖的利弊辨析

随着人民生活水平的提高,在食材的选择上,很多人都更倾心于“散养”“农家饲养”“林下散养”“跑山鸡”“土鸡蛋”“纯天然”等非工业化饲养的养殖动物。这种取向,当然是消费者的选择权的体现,理应尊重。同时,在潜意识中,这些消费者认为,工业化饲养的动物做成的食材,虽然相对便宜、干净,但并不好吃,营养价值也稍逊。甚至于一些食品工程的从业者,也有类似的看法。那么,工业化养殖(饲养),真的就一无是处吗?

1. 非工业化饲养的优势

首先,应该承认,非工业化饲养(各种散养),对于肉、蛋等食材的口感,确实有积极影响。

肉、蛋食材的口味,特别是鲜味,主要来自其风味物质的积累。而散养的动物,出栏相对较慢(也即是说,从出生到上市的周期,相对于工业化饲养的同类动物要长一些),风味物质的积累随之也就更多一些。此外,散养动物的日常运动量,比笼舍圈养的动物要大得多,其肉质也会相对细嫩。

更重要的是,散养动物(包括农户的少量养殖)吃的饲料,品种相对较杂,并不追求瘦肉率等指标,这也有利于风味物质的积累。这些原因叠加在一起,就造成了两者口感上的差异,这种差异,在世界范围内,经过多次盲法评审,都被认为是客观存在的,并不是心理作用。消费者选择散养禽畜产品,也是出于自身的偏好。

2. 工业化饲养的优势

而工业化饲养(圈养),对于农业而言,最明显的优势是成本得以降低,也提高了动物产品的生产规模。显然,动物产品的成本降低了,加工出来的食品就可以定价更便宜,让更多的人能够买得起,摄入足够的优质蛋白,从而改善全民的饮食结构。

相应地,对于食品工程而言,工业化饲养的最大优势,在于其产品质量的稳定、可控。按照良好农业规范的要求,现代养殖场的环境是相当干净的,动物的粪便被及时清走,养殖场地面定期清洁、消毒,长期采取灭蝇、灭蚊、灭鼠措施,工作人员也必须履行更衣、鞋帽消毒等控制措施。而所有的动物幼崽,在进入养殖场之前,都必须经过检疫。这些举措,都极大地降低了病原体引入的可能性和人畜共患疾病的风险。例如,猪肉里的猪肉绦虫,就是通过被粪便污染的水、饲料而感染猪的,在工业化养殖的场合就极难传开。

在食品生产领域中,食材的安全卫生是食品安全的第一道防线。而这道防线,并不能通过检验来稳固,只能通过其良好的质量管理体系来保证。工业化的养殖,就是符合现代食品安全原理的一种管理方式。

例如,我们都知道,生鸡蛋通常是不能直接食用的,否则可能有沙门菌感染的风险。然而,一些现代化的养鸡场,在鸡苗、饲料、环境、饮水、储运等各个环节都加以严格控制,就可以产出保证不含沙门菌的鸡蛋。这种鸡蛋可以用于制作“溏心蛋”“温泉蛋”等半熟的鸡蛋,也可以作为酱料,直接拌入菜肴,或裹在煮熟肉片上食用。这种无沙门菌的鸡蛋,在一些亚洲国家受到了欢迎,是工业化养殖的典型的成功事例(当然,我国目前尚未对“无沙门菌鸡蛋”制定食品安全国家标准,鸡蛋还是完全煎熟、煮熟了再吃比较放心)。

相反,有些非工业化养殖的农产品,因为环境的不可控,具有较大的食品安全风险。例如,在欧美一些地方,有一些人群非常排斥工业化的养牛场,而倾向于农户家里散养的乳牛,认为这样得到的牛乳更有营养、更健康。遗憾的是,以目前的科学技术水平而言,这些牛乳并不比工业化养牛场里生产的牛乳更有营养价值。相反,这种散养生产的牛乳,因饲养环境缺乏控制,又没有进行巴氏消毒所需的大型设备,可能会带有“布氏病”的病原体布氏杆菌(*Brucella*)。而这种疾病,可能导致关节病变、波状热、神经痛、睾丸炎等等严重的症状,给患者带来极大的痛苦。为了一个营养价值并无实际优势的散养鲜牛乳,给养牛的农户和喝乳的顾客带来了如此大的健康风险,实在是得不偿失。(2011 年 8 月,美国洛杉矶警方就曾出动大批警力,突袭当地一座私人农场,对其未经许可、擅自提供未经巴氏消毒鲜牛乳的行为,进行了查扣、起诉。这类散养牛乳的食品安全性问题可见一斑。)

类似地,散养的"跑山鸡",在饲料摄入上,其实还是有污染风险的。例如,某处农田喷洒了农药,造成大批的可飞行害虫掉落到地上,就很容易被散养的鸡吃掉,进而间接地导致农药在鸡体内的蓄积。这种情况虽然不多,但也非常难以防范。

此外,正如前文所述,优质蛋白质的摄入,关系到人民的健康和体质的提高,是实现生存权、发展权的必然要求。而工业化饲养,就为这种优质蛋白质的供应奠定了基础,是对国家和人民有益处的事。

当然,农户散养的动物的确在口感上有一些优势,并且会和文化旅游产生协同作用(例如,农家乐这种大家都很熟悉的形式)。对此,本书作者认为,不妨扬长避短,在鼓励发展特色旅游的同时,也帮助他们做好散养禽畜的规范化饲养,尽量杜绝因此产生的食品安全风险。

同时,工业化饲养动物,可能会给动物福利带来一些妨碍,那就需要结合上一节的内容,加以防范和改进。

总而言之,作为食品工程的从业人员,从食品安全的角度上说,我们理应支持工业化的动物养殖。从食品工程伦理上说,它促进了食物的可及性,因而也是应该得到认可。

第二节　食品生产中的伦理学要求

当然,和食品工程人员关系最密切、接触最多的,还是食品生产的环节。在这个环节中,伦理学的要求相应也更多、更复杂、更具体。

一、我国古代食品生产中的伦理学内容

实际上,对于食品生产提出伦理学上的要求,并非今天才出现。相反,在中国悠久而灿烂的历史之中,也对食品生产、经营行业,提出了朴素的伦理要求。这种伦理要求,主要是脱胎于"以义制利"的道德观念。

具体而言,它劝化食品生产的商家(几乎也就等同于路边的饭铺、酒馆),在食材的选择上不得以次充好,更不得危害顾客的健康。在食品的销售上不得缺斤短两,不得掺杂使假。而劝化的手段,几乎也都是用因果报应等传奇故事来倡导一种淳朴、向善的良好风气。

例如,在明代的时候,关于"酒里掺水",就有不少段子流传。其中一个是:说某酒馆老板长期在酒里掺杂 20%的水,顾客们也习以为常。某天,某位顾客醉酒猝死,夜里城隍老爷派鬼差把酒店老板的魂魄抓去审问,并出示了夜游神的记录:某月某日夜里,该老板往酒缸里掺水若干升;某月某日夜里,该老板又掺水若干升……事发那天,他恰好忘了掺

水,而顾客依然按照平时的习惯饮酒,结果就喝多了。当然,该顾客的猝死被确定是意外事故,和该老板无关。但其掺杂造假的行为,也受到了城隍爷的谴责和惩罚——在梦里被打了二十大板。该老板醒来之后浑身疼痛,从此痛改前非,不再掺水。

另一个不知出处的故事,是一个名为涂龙的人,开了个小酒馆,生意兴隆。某日,涂龙出门做生意,一来一回需一个多月。其间,其妻子自作聪明地往酒里掺了一些水。涂龙回家、知道此事之后,顿时捶胸顿足,号啕大哭。妻子不明所以,涂龙哭着说,你把我的家业毁了!随后,酒馆生意越发清淡,不久就关门大吉了。

类似的一个现象,来自于食品销售时的杆秤。我们都知道,杆秤是通过杠杆原理来工作的,力臂和力的大小都对平衡有影响。而秤杆上各个“星”,也就是秤杆上对于斤、两的标识点,直接决定了这个杆秤是否准确:只要把“星”的位置,朝着秤盘的方向稍微挪一点点,就可以非常隐蔽的短斤少两,用肉眼是很难看出差异来的。

对此,古人同样用因果报应的说法予以劝导:秤杆上的 3 颗较大的“星”(起到对秤杆刻度校准的作用),被分别称为“福”“禄”“寿”三星;而古人认为,这三颗星背后的神明,分别掌握了人的福气、财运和寿命。因此,倘若店主在这 3 颗“星”上动了手脚,就会导致自己的一生遭遇困苦、贫穷和短寿,后果非常严重。

另外,古人在出售稻谷、黍米等颗粒状的粮食,使用的计量单位往往不是质量单位,而是体积单位;相应地,使用的计量工具不是秤,而是升、斗等标准容器。这些容器顶部都没有盖子,在交易时,就容易产生争议:稻谷应该是恰好和顶面平齐,还是允许多出来一点呢?法律并没有对此作出规定,而民间的商业伦理,也给出了一个有趣的解决方案:当商家是出售粮食一方时,稻谷应该超出容器的顶面,形成一个低矮的“山丘”。这个多出来的部分,被称为“尖”,并且有了一个说法“无尖不商”。显然,“尖”的存在,对于买方是有利的,这个说法,就是为了鼓励商家大方一些,主动让利给顾客。(但后来这个成语,以讹传讹被说了“无奸不商”,就让人哭笑不得了。)

当然,这些神奇的传说,真实性尚无从考证。但在当时的历史条件下,却是能够多多少少地起到规劝人心的作用。而从这些有趣的实例中,我们也可以看出,中国古代对于食品生产,有着独特的伦理和道德追求,这也和今天我们所讨论的食品工程伦理一脉相承。

二、现代食品生产中的伦理学内容

在近代以来,人类进入了工业文明的时代,生产方式也和过去有了本质的变化。对于食品工程而言,集中加工、流水线式加工乃至全自动化工厂,都已经成为一种业界常态。因此,食品工程伦理,自然而然地也就提出了新的要求。当然,这些要求,本质上依然是我们在第四章中所讲过的那些伦理学的原则在食品生产各个环节中的应用和落实。

具体而言,这些要求主要包括几个部分:生产过程中,强调全程可控,保证食品安全;并能通过可追溯的食品链,来实现消费者的知情权;为消费者的健康着想,提供的食品能够符合健康预期;对于节约粮食的要求;对超加工食品的辨析等。下面,我们就来逐一讨论。

1. 可控的食品生产

第四章中,在介绍“不伤害原则”“谨慎原则”和“生命健康至上原则”时,我们已经讲过,食品的生产过程,必须遵循安全、可控的原则。也就是说,食品工程的生产环节中,应该按照可靠的质量管理体系进行,确保不引入不合理的风险。

具体而言,现代食品工程中,要求企业和从业人员,都能够预先分析可能的风险,并为之制定环境卫生条件、操作规范和相应的风险预防措施和控制点(安全限值),并在食品生产的全过程中,不折不扣地落实这些措施,对于超过安全限值的产品予以剔除,并对其产生原因进行调查。这些内容,我们已经在第四章有过解释,在此不再赘述。

实际上,工业化的食品生产过程,本身就意味着安全。这是相对于手工制作、家庭小作坊制作而言的。现代的食品工程,已经是一个多学科协作的系统工程,并且具有资本和技术密集的特征。正因如此,它对食品加工中所蕴含的风险,认识得非常透彻,也能够有一系列的监控措施,把风险控制在很低的水平。这是手工制作、家庭作坊无法比拟的。

例如,很多人都很推崇“纯手工制作”“古法制作”的花生油。然而,倘若作为原料的一部分花生米出现霉变,沾染了黄曲霉毒素,那按照古代的方法,是没法将发霉的花生米完全识别、剔除的,自然也就无法阻止这些黄曲霉毒素污染花生油,最终进入消费者体内。而我们都知道,黄曲霉毒素是已知的强致癌物,对于人体的肝脏危害极大。而在现代油品加工工艺里,如果采用浸出工艺,得到的花生油要经过“脱酸”工艺,即用碱性物质中和掉油脂里的游离脂肪酸,而这个过程,也可以极大地破坏黄曲霉毒素(使其开环水解,产物溶于水中而被带走),使其含量减少九成以上。随后,再经过吸附脱色步骤,残留的黄曲霉毒素被进一步吸附、滤除。这样,最终得到的花生油成品中,黄曲霉毒素的含量就会非常之低,不至影响人类健康,甚至根本无法检出。

此外,全自动的食品生产线,往往也意味着全封闭的生产环境。这样,外界的杂质和有害物质,就更不容易接触到食物,同时降低了因人为操作而引入的异物风险和微生物风险。

尽管我们常说,“食品安全是生产出来的,不是检验出来的”,但客观地说,食品的出厂检验,还是为食品安全把好了最后一道关口。现代食品工业,对于每一类食品中可能残留的风险,都研究得很透彻了,并通过食品安全国家标准的形式,把这些指标作为出厂前必须检测的项目,进一步为食品安全兜了底。

可以说,工业化、现代化的食品生产工程,生产出来的就是更安全、更放心的食品。身为食品工程的从业人员,我们理所应当为此而自豪。

2. 可追溯的食品链

此外,在体现食品工程伦理的“知情原则”时,当前主流的思路是:通过食品链的可追溯,来进一步加强食品安全的管理,让消费者的知情权得以充分地落实。

在现代食品工业中,存在一个“食品链”的概念,即“从农田到餐桌”,从进厂的原料到出厂的预包装食品。在这个链条上,任意一个环节出了问题,有意或无意地发生了食品污染、掺杂使假、以次充好等问题,都足以影响食品的质量与安全,更直接损害了消费者的知情权。而解决之道,就是建立一个双向的可追溯体系。

所谓追溯,就是依靠现代的物联网技术,在食品链的每一个环节中,对尽可能小的单位进行识别、标记和记录。最终，我们可以通过这个记录，把某一批次的食品，上溯到它的原料供应环节和生产过程。也可以从某一批次的原料入手，加以回溯，查清它到底制成了哪几个批次的食品，又分别流向了何方。

在食品原料的供应环节中，还可以进一步细分为它的实际产地、种植地块或牲畜笼舍、生长过程中使用植保产品或兽药的情况、采收时间等与品质有关的信息；在生产过程中，则可以细分为进场时间、每一步的工艺参数（例如，投料时加入的食盐总量、巴氏杀菌的时间与温度、真空干燥的时间和气压、罐头密封杀菌时水中的余氯含量等）、中间产品和最终产品检验报告等具体数据，让消费者对其品质和安全有深入、全面的了解。

在有些追溯体系发展前沿的食品生产工厂里，甚至直接在生产线的关键部位上，分别架设了摄像机，全天拍摄画面放到网上直播，让消费者把生产环境和过程看个清清楚楚、明明白白。这种坦荡的行为，是对消费者知情权的切实尊重，也是企业担当社会责任、践行食品工程伦理的良好表现，值得我们借鉴。

3. 提供符合长期健康要求的食品

理论上说，绝大多数食品生产工厂，都不会故意提供违反法律、不符合国家食品安全标准的食品——这不仅有违食品工程伦理的要求，更会给企业招来罚款、停业整顿甚至关闭的惩罚，而该企业的管理者则可能因此身陷囹圄，代价十分高昂。

然而，符合国家食品安全标准、检验合格的食品，不一定就是对消费者的健康是有利的，特别是从较长的时间宽度来看的话。

在第四章的"生命健康至上原则"一节，我们就曾介绍过，食盐和蔗糖，虽然都是完全合法的食品原料，也不存在法规上的使用限制，但不应该过量地摄入它们。否则，从长期来看，会对人体的健康带来不利的影响。

事实上，不仅高盐、高糖、高脂肪的食品是不适合长期、大量适用的，从营养学的角度来说，均衡、合理的饮食，才是保持身体健康的有效路径。当然，对预包装食品而言，我们无法苛求一种食品就满足人体所有的营养素需求，但对那些可能被视为零食而经常食用的预包装食品，至少应该避免某一种营养成分严重超过人体需求。

例如，在一些被称为"辣条"的食品中，每 100g 辣条中，所含的氯化钠（食盐）就达到了 2000mg 以上，几乎是成年人每日所需食盐总量的 1/3；其热量则是 1800kJ 左右，达到了成年人每日所需热量的 1/5。换句话说，吃一包净含量 200g 的辣条，基本上就已经达到了当天的氯化钠食用指标的一半以上，提供的热量接近所需量的一半。

对于这类食品，并不存在违法、违规之处，但从食品工程伦理上说，恐怕还是有问题的。或许，它们的生产厂家，应该考虑改进工艺和配方，尽可能在保持口感的同时，降低糖、盐和植物油的使用量，让消费者吃得更健康。

4. 对快餐、料理包等方便食品的辨析

随着食品工程的进步，"方便""快捷"成为一个越来越重要的要求。其中，最为突出的就是西式快餐和预制菜（包括料理包）这两个有争议的话题。

所谓西式快餐，指的是把食品拆分为几个主要原料，在餐厅厨房经过短暂加工，即可供顾客食用。这方面的代表，就是读者都很熟悉的汉堡和炸鸡了，已经有很长的历史，在此不做赘述。

预制菜,指的是将菜肴烹饪的部分或全部工作在工厂里完成,然后通过密封包装、冷链运输等方式交付给消费者;消费者只需要简单的加工,在很短时间内即可装盘出菜。按照其“预制”的程度,由高到低,可以分为即食食品、即热食品、即烹食品、即配食品,符合不同群体的需求。

而料理包,则是在中央厨房出现之后应运而生的。它将烹饪过程中的大部分操作,预先在工厂或中央厨房中完成,并加以密封储存,分别运到各个门店。当顾客点菜后,门店拆开料理包,再加入其他配送来的主菜、配菜,稍作加热之后即可食用。这种料理包,最常见的就是“酸菜鱼调料”“鱼香肉丝调料”,可以让不同的门店做到食物口味的高度统一,操作难度也很低,最重要的是让出菜时间大大减少。

无论是预制菜还是料理包,都非常适合连锁经营的餐厅和不喜欢花太多时间做饭的人。

此外,还有近年来出现的软罐头,情况也有些类似:它一般是将米饭、荤素菜肴制作完毕之后,按照盒饭的形式,分别盛放在餐盘的小格子里,覆盖塑料薄之后,抽真空、充氮气,密闭保存。这种盒饭的保质期,长达2~3年之久,食用前只需用微波炉加热一下,再撕开包装膜,米饭和菜肴就像是刚刚出锅一样。这类软罐头式的盒饭,已经在一些高速列车上售卖一段时间了。

在一些业内人士看来,无论是西式快餐还是料理包、软罐头,都能够满足很多消费者的需求,在食品安全和卫生上表现也很不错。但是,也有不少批评认为,这些东西都是“垃圾食品”,是不利于长期健康的,也完全没有体现出烹饪的精髓所在,对中国的饮食文化会带来不利的影响。还有观点认为,这种做法会让那些需要精细操作的菜肴被遗忘,相关的厨师群体也会渐渐萎缩。

本书作者对预制菜和料理包持肯定态度。主要理由如下:

首先,从营养学的角度来看,并没有哪一种食品能够大包大揽,直接满足人体的每日营养需求。无论是大厨精心烹饪的菜肴,还是拿来就下锅的预制菜,或是用料理包简单加工而成的食物,最终都还是要落实到“营养均衡”这四个字上;而要做到这一点,需要精心搭配,尽可能多样化地摄入食物,并参照中国营养学会的“膳食宝塔”,在各种食材的量上加以控制,正所谓“没有垃圾的食物,只有垃圾的搭配”。显然,搭配问题,并不是烹饪手段就能够决定的。

其次,从食品安全的角度而言,工业化生产的西式快餐和料理包,因为诞生较晚,生产时往往都是遵循了现代食品生产质量管理体系的要求,对食品链中的安全控制也比较完善,其安全性和质量稳定性是有保障的。更重要的是,它们最大限度地减少了门店的烹饪工艺操作,把“人”的风险因素尽可能降到了最低,在食品的质量控制上有成熟的体系(例如ISO 22000、China HACCP等)。同时,因为是集中生产,市场监督管理部门也更容易实现有效的监管,其食品安全风险相对可控。

此外,从烹饪文化传承的角度来说,预制菜和西式快餐,的确和我国的传统烹饪方式不同。然而,也要看到它对烹饪文化传承所做出的积极贡献。对于很多单身的年轻人而言,一天忙碌之后,叫个外卖或是泡一碗方便面来解决晚饭,是一种相对省事的做法;倘若他们愿意使用料理包,亲自动手做下酸菜鱼、水煮肉片和沙茶肉片,也是对这些传统菜肴的一种继承和认同。

同时,预制菜和快餐的出现,减少了很多人在烹饪上所花费的时间,提高了其生活品质,也并非坏事。作为食品工程的从业人员,我们当然相信,每个人都有享受健康、美味食品的权利;与此同时,我们也相信,每个人的实际情况是不同的,闲暇时间、耐心程度、烹饪技术都有区别——对于那些努力在美味和快捷上寻求平衡的人而言,预制菜、料理包、西式快餐,就是一个不错的答案。例如,“麻辣小龙虾”这道很常见的菜,从小龙虾的拣选到洗涤,都是非常耗费时间的事情,而且并不是每个人都能轻易完成(例如,本书作者就认为,用牙刷去逐个清洗虾腹,是一件头皮发麻的事情)。而预制菜里的麻辣小龙虾,食用起来就很方便,撕开包装袋倒进锅里,加热几分钟就能出锅,几乎人人可做。

尤其是对于高铁、动车而言,软罐头式的盒饭,可以有效地减轻餐车工作人员的劳动强度,减少了在列车中使用明火炒菜的油烟和火灾风险,对于提高乘客的舒适性和安全性有着积极意义。

更重要的是,预制菜往往都是大规模化的工业生产,这就会带来一个额外的优势:价格相对便宜,让更多的消费者都能够承受得起。这方面最明显的例子,就是“佛跳墙”。这是一种制作工艺极其复杂、耗时极长的菜肴,倘若是在酒店之中食用,价格通常在数百至上千元,而当它被制作成预制菜之后,价格基本都在 200 元以下,这就是工业化生产的威力。

一句话,食品工程的最终目的,或者说最底层的伦理逻辑,当然还是“为人民服务”,努力满足人民群众日益增长的物质文化和精神文化需求。只要是符合广大群众需求、增进群众福祉、保障群众健康的食品,就是好的食品。其生产方式、价格水平和食用方式,都不是判定的依据。

实际上,食品的工业化进程中,必然存在机器代替人工的情况。今天的消费者们早已接受了速溶咖啡、瓶装啤酒、速冻水饺,但曾几何时,这些东西也还都是家庭手工的产品。本书作者认为,预制菜(包括料理包)将会是一种难以阻挡的时代趋势,这也并不违反食品工程伦理。

相应地,作为未来的食品工程师,拥抱这种变化,积极投身于预制菜的开发与生产工程,同样也是大有可为的。预制菜,包括料理包的出现,让食品工程师成为了餐饮企业的上游供应商,甚至是餐饮行业的引领者和变革者。

5. 对传统食品制作、烹饪工艺的辨析

传统食品,尤其是有地方特色的食品,当然是民族文化的一部分。正如每个人的记忆里,都有着儿时的某个美食一样,传统食品及其烹饪工艺,有着独特的情感价值。

在很多人的记忆之中,这些传统食品,已经成为了一种符号。就像苏州人看到了粢饭糕、天津人看到了煎饼馃子、成都人看到了三大炮,瞬间就能唤起许多的记忆,爱国思乡之情油然而生,民族认同感也越发强烈。《舌尖上的中国》就让很多人心潮澎湃,梦回故乡。

(1)发展传统食品的意义 基于以上原因,作为食品工程的从业人员,从食品工程伦理上说,我们有责任在日常的工作中,努力弘扬传统的民族文化,为文化自信添砖加瓦。具体而言,我们需要做的,是通过各种技术手段,让传统食品、地方特色食品适应新时代的要求，能够走得更远、更久。要做到这一点，并不是容易的事情。在现代食品工业没有诞生之前，这些传统食品之中很多都是即食的，且标准也不统一，很难形成一个畅销全国乃至海外的品牌。在这方面，有一个非常优秀的例子：柳州螺蛳粉。

回头看看，在十年之前，螺蛳粉虽然是广西人民每日必备的食物，但却难以“破圈”，只在当地热闹，外界知之甚少。而在广西、柳州两级政府的大力支持下，在行业协会和广大从业人员的共同努力下，螺蛳粉搭上了方便食品的快车，迅速红遍大江南北。今天，柳州螺蛳粉已经发展成为一个产值上百亿元的庞大产业，带动了种植、养殖和食品加工行业的蓬勃发展，也成为了柳州的一张名片，在社会效益和经济效益上，都获得了巨大的成功。

当然，这种成功并不是从天而降的。例如，在 2016 年，由广西壮族自治区卫生和计划生育委员会牵头制定了《食品安全地方标准　柳州螺蛳粉》（DBS 45/034—2016）。由柳州市食品药品监督管理局牵头，颁发了《柳州螺蛳粉生产企业实验室管理技术规范》（柳食药监办［2018］31 号文）等技术规范，对螺蛳粉生产企业的食品安全和质量管理体系，提出了明确的要求，实现了“柳州螺蛳粉”在技术标准上的统一，也为其产品质量划出了底线。

甚至于对螺蛳粉的上游产品，柳州市人民政府也制定了《柳州螺蛳粉原材料示范基地认定办法》（柳政规［2018］26 号文）等文件，对制造柳州螺蛳粉的主要原料（大米、螺蛳、豆角、竹笋等）的种植、养殖场所和操作规范，分别做出了细致而具体的规定。正是有了这些详尽的技术规范，才保证了螺蛳粉的食品安全和质量，让“柳州螺蛳粉”这个品牌熠熠生辉。

当然，螺蛳粉产业的成功，更离不开螺蛳粉相关生产企业的技术人员，能把螺蛳粉拆解为酱包、料包，经过复水之后，还能保证其独特的口感和气味不变，保持其鲜明的特色，这其中必然有许多技术难关需要攻克。通过他们的努力，彰显了自身的价值，也为传统食品的发扬光大做出了贡献，这是一个值得食品工程从业人员学习的榜样。

2021 年 4 月 26 日，习近平总书记在柳州考察时，强调指出：“发展产业一定要有特色。螺蛳粉就是特色，抓住了大家的胃，做成了舌尖上的产业。”（《“加油、努力，再长征！”——习近平总书记考察广西纪实》）这不仅是对柳州螺蛳粉产业的鼓励，更是对广大食品从业人员的殷切希望。

（2）对传统食品文化的扬弃与传播　当然，这并不是说，只要是传统食品、地方特色食品，就一定是好的，就是符合时代要求、满足当下消费者需要的。恰恰相反，有些传统食品的做法，是需要加以摒弃的。

例如，传统川菜中，有些大厨习惯于宽油爆炒，甚至特意玩起锅中飞火，看起来当然挺有意思，但我们都知道，过量摄入植物油，对于人体健康并无益处。类似地，粤菜中的“三吱”“猴脑”等烹饪方法，或者过于残忍，有违动物福利的原则；或者涉及保护动物，都不适合在今天继续采用。

因此，对于食品工程从业人员来说，我们需要将传统食品及其烹饪方法加以总结、提炼，保留其中有特色、有文化意象且符合现代营养学要求的部分，改进其中不适合时代发展需要、对营养健康不利的部分，放弃那些与食品工程伦理和社会一般道德观念相抵触的部分。最终,形成一系列既保留了传统文化的内核,但又包含时代特色,能够为广大群众所接受的新型传统食品。

发展,必然是以改革、创新作为前提的。抱残守缺、刻舟求剑,绝不是发展传统食品文化的正路。正如前文所述,在西式快餐大行其道的今天,要让传统食品收复失地,当然就要比西式快餐做得更好,更符合消费的需要,更能为年轻一代所接受,才能有足够的竞争力。

尤其是在网络技术日渐发达、信息传播方式发生深刻变化的今天,如何用好这些现代信息手段,把传统食品、地方食品,和传统节日、传统文化结合起来,避免低水平的重复建设,让它更好、更远地传播出去,的确是一个非常有挑战性的任务。

总而言之,传统食品及其烹饪工艺,是一个很好的载体。对内可以凝聚共识、增强自信,对外则可以介绍文化、展现自我。“提高国家文化软实力,要努力展示中华文化独特魅力”。(《习近平在中共中央政治局第十二次集体学习时强调　建设社会主义文化强国　着力提高国家文化软实力》,人民日报 2014 年 1 月 1 日 1 版)这是当代食品工程从业人员共同的守望与使命,值得我们为之努力奋斗。

三、食品工程中节约粮食的伦理学责任

对于食品工程而言,农产品是生产原料,预包装食品是我们的产品,这在技术上是没有问题的。然而,食品工程的从业人员,还必须肩负起节约粮食的责任。对于食品生产企业而言,这是企业社会责任感的体现;对于从业人员而言,则是食品工程伦理的必然要求。尽管我国在食品供应上一直做得很好,普通老百姓也不需要担心买不到食品,但从食品的可及性上看,减少食品的浪费,就如同关闭了水池里那个不断放水的龙头,进一步巩固、提高粮食供应的安全。一边节约粮食,一边提高粮食产量,两者相向而行,整体的效果才是积极的。在本节之中,主要讨论勤俭节约、反对奢侈浪费的意义所在。

1. 传统文化对食品浪费的批评

实际上,在我国的传统文化中,非常强调“节用厚生”,对于食品领域的奢侈、浪费行为,更是从诸多方面加以否定,留下了不少有趣的事例。

例如,宋朝有个官员叫吕蒙正,曾经 3 次担任宰相,封许国公,可谓位极人臣,家境自然也是吃喝不愁。他为官声望极好,为人宽厚豁达,甚至宋太宗都说过“蒙正气量,我不如”这样的话。

然而,在吕蒙正 50 多岁时,据说却出过一个很有意思的典故:他因为牙口不好,喜欢吃软的东西,厨子就给他做了鸡舌汤,也就是鸡的舌头煮成的汤,他很喜欢。某天,他在自家院子里溜达时,就看到远处的院墙根下,似乎多了一座假山,就顺口问仆从,啥时候多了个假山呀?仆人回答说,那是老爷吃饭剩下的鸡骨头和鸡毛,堆在一起了。吕蒙正很奇怪,我吃了多少鸡啊,就能堆个小山了?仆人回答说,老爷一顿饭,喝一碗鸡舌汤,那就要 5 只鸡,那鸡毛鸡骨头,日久天长,可不就这么多了嘛。吕蒙正出身贫寒,发迹之前也非常节俭,这下顿时觉得非常不好意思,遂再也不吃鸡舌汤了。

这个故事的真实性已不可考,但对于这类带有浪费色彩的食品,古人是一向持否定态度的。《道德经》有言,“不贵难得之货,使民不为盗”,意思就是说,如果君王不追求难

以得到的珍贵物品，上行下效，民众就不会起盗抢之心。当年唐玄宗宠爱杨贵妃，不惜动用国家的战略资源——驿兵来运送荔枝，不仅被当时的百姓侧目，甚至1000多年后还被拿来调侃，"一骑红尘妃子笑，无人知是荔枝来"，成为了一个勤俭节约上的反面典型。

总而言之，在中国的传统文化中，勤俭节约的思想，特别是对食物的珍惜，是有着重要的地位的，我们要做的，不过是将其传承和发扬而已。

2. 反对浪费食品的伦理学要求

2013年中秋节前夕，位于我国长三角的某商场，特意制作了一个巨大的莲蓉月饼，冲击"世界上最大的月饼"的吉尼斯纪录。"巨大"二字并非夸张，它的重量近2.5t，所用到的面粉、蛋黄、莲蓉等食材，都是符合食品标准的真材实料。

据说，在经过测量、公证之后，主办方将这个大月饼，切分给在场的群众共同分享。然而，也有人随即提出质疑：以每位市民平均分享500g月饼计算，这个巨大的莲蓉月饼，需要切分给5000位市民才能物尽其用。就算在场围观的市民们，都非常有秩序地排队，切、分的过程至少也要几天才能完成。而这种莲蓉月饼富含油脂、蛋白质，一旦切开，馅料就暴露在空气之中，不需半天就会变硬、变味，恐怕等不了那么久吧？

而到2019年，我国北方的某个美食节上，又有某宾馆展示出了一个更大的家伙：重达13t的月饼，据说可以供10万人食用。显然，在月饼的保质期内，要找到10万个顾客并把它们顺利卖出去，应该也不是一件容易的事情。

以上这些"巨大"的月饼，尽管是企业的自主行为，并不违反法律规定，但终究还是造成了一定的浪费。从其意义上说不过是个商业噱头，但如此之明显的食物浪费，实在令人痛心。对于食品工程从业人员而言，这肯定不是什么好事，也有悖于食品安全观。

实际上，中华民族的传统文化中，一向推崇勤俭节约，特别是对于粮食，将其视为不可糟蹋的神圣事物。毕竟，没有粮食人就会饿死；在粮食供应不充足的时候，浪费粮食，本质上就是轻视他人的劳动，甚至是漠视他人的性命。对此，有许多格言流传至今，例如"一粥一饭，当思来之不易；半丝半缕，恒念物力维艰""谁知盘中餐，粒粒皆辛苦"等。

在《西游记》中，也有一段有趣的描述：唐僧的前世叫"金蝉子"，他身为佛祖的二弟子，就曾惹下一桩祸事。在听佛祖讲座时，他打了个盹，不小心用脚踉了一粒米。随后，他就被认为是糟蹋粮食，贬入凡尘历练。在取经路上，路过镇海禅林寺时，他还因为这一粒米而大病3天。从中也可以看出，中华民族对于粮食的珍惜，是嵌入了骨髓之中，写进了DNA之中的。

在2013年，习近平总书记就曾对"舌尖上的浪费"问题，做出过重要批示；2020年，又重申了对制止粮食浪费的具体要求："要进一步加强宣传教育，切实培养节约习惯，在全社会营造浪费可耻、节约为荣的氛围。"[《"光盘行动"，持续推动(厉行节约　反对浪费)》]

2021年4月，《中华人民共和国反食品浪费法》正式颁布实施，对食品生产、经营者和普通消费者都提出了具体的要求。可以说，反对食品浪费，已经不仅是一种食品工程伦理上的要求，更是法律层面的规定。

当然，还有一些明目张胆的食品浪费现象，属于极端的个案：2021年，某选秀节目《青×××》中规定，观众购买某特定品牌的乳饮料，即可扫描二维码，为自己心仪的演员投票

"助力"。然而,这个二维码的位置,被设在瓶盖的内部。也即是说,只有打开包装才能扫码,而打开包装后的乳饮料,接触了外界环境,当然就会很快变质。于是,诡异的一幕发生了:很多观众花钱大量购买这种乳饮料,就为了替心仪的演员投票。但显然自己不可能喝掉这么多乳饮料,也很难拿来送人,就干脆雇人拧开瓶盖,再把乳饮料倒入水沟。这一幕被拍下来之后,引起了舆论的一片声讨。据悉,在最疯狂的时候,一天之内就有 27 万瓶乳饮料被倒掉,造成的浪费可想而知。

在这个例子中,该乳饮料的生产厂家,扮演了一个不太光彩的角色。投票用的二维码所在的位置,注定了被扫码之后的饮料极其容易被浪费。尽管法律并不会处罚该厂家,但其社会形象也遭到了严重的打击。国家广播电视总局甚至随后叫停了所有的选秀节目,从中也能看出广大群众对于这种浪费食品行为的不满。

另一个有趣的例子,是关于金箔能否用作食品添加剂的争议。2015 年,中华人民共和国国家卫生和计划生育委员会发布通知(国卫办食品函[2015]28 号)拟批准金箔作为新的食品添加剂。在随后的意见反馈中,行业内外都有很多人提出了质疑:从食品安全的角度说,金箔只要控制食用量的确是对人无毒无害的;然而,加了金箔的食品(包括白酒、牛排、巧克力、冰淇淋等),很可能会被炒作成一种价格高昂的"奢侈品",助长奢靡之风,对勤俭节约的社会风气是有害无益的。7 年时间过去了,金箔始终没有被正式批准作为食品添加剂,这可能就和公众的反对意见有关。2022 年 3 月,中华人民共和国市场监督管理总局、中华人民共和国卫生健康委员会、中华人民共和国海关总署联合发文,重申禁止将金箔用于食品之中,也算是又一次明确了态度。

某西式快餐也因为一个促销活动,在这个问题上备受争议:该快餐和某玩偶盲盒企业合作,推出了联名快餐,买快餐抽盲盒,结果出现了很无奈的现象。有人为了抽中盲盒,一人买了几十份套餐,显然已超出了正常需求的过度消费,极容易造成食物浪费。为此,该企业还遭到了中国消费者协会的点名批评。

总之,本书作者认为,无论是出于食品工程伦理学的要求,还是出于对企业的社会形象的维护,尽量避免造成食品浪费,反对奢靡之风,是每一个食品工程从业人员需要认真考虑的事情,也是社会主义核心价值观的必然要求。

3. 对食品工程中节约粮食的具体要求

具体而言,《中华人民共和国反食品浪费法》,对食品工程从业人员,提出了两条要求:

> 第十五条　国家完善粮食和其他食用农产品的生产、储存、运输、加工标准,推广使用新技术、新工艺、新设备,引导适度加工和综合利用,降低损耗。食品生产经营者应当采取措施,改善食品储存、运输、加工条件,防止食品变质,降低储存、运输中的损耗;提高食品加工利用率,避免过度加工和过量使用原材料。
>
> 第十六条　制定和修改有关国家标准、行业标准和地方标准,应当将防止食品浪费作为重要考虑因素,在保证食品安全的前提下,最大程度防止浪费。食品保质期应当科学合理设置,显著标注,容易辨识。

这两条法律中,作了一个比较笼统的原则性规定:在食品链的全过程中,尽可能地降低因为加工、储运而带来的损耗,避免过度的加工(关于超加工食品的问题,我们将在下一节中讨论);同时,合理地制定保质期,避免保质期太短而造成浪费。

我们都知道,食品的保质期是企业根据食品的实际情况自主决定的。通常而言,企业在食品上标识的保质期,都会比实际的保质期略短一些,以此来确保食品安全。这种做法,的确可以最大程度地避免消费者食用变质食品的风险,保护了消费者的健康,也是符合食品工程伦理中的“谨慎原则”的。

然而,如果我们把这个“安全系数”取得太大,让标识的保质期比实际可以达到的保质期短了很多的话,就很容易造成食品的浪费,让本来还可以正常食用的食品被迫销毁。如何在食品安全和避免浪费之间找到一个平衡,就是食品工程从业人员面前的一个新课题。

此外,从技术方面入手,在不影响食品安全和口感的前提下,也完全可能延长食品的保质期的。有一个相反的例子,可供参考:

近年来,有一类“透明牛乳”在网络上走红。实际上,它们的成分并不特殊:全脂灭菌乳,也就是高温消毒后的牛乳,这是乳制品中很常见的一种。但它的包装,是用完全透明的塑料袋;其保质期是 28 天(同类的高温乳,保质期多在 40 天左右)。那为什么这种透明包装的牛乳,保质期会打七折呢?

一方面,这个可能和厂家的宣传策略有关,较短的保质期也许会让消费者对其质量更有信心,更能认同其标称的“鲜牛乳”的名字。另一方面,也因为透明的包装材料,无法遮挡阳光或室内的灯光。而我们都知道,光照是可以促进化学反应进行的(特别是自由基反应),也可能为牛乳的长期保存带来了一定的负面影响。

回头看看,这个透明的包装袋,对食品的质量、安全、营养,几乎都没有带来什么正面的帮助,却造成了它的保质期缩水的尴尬局面。从食品工程伦理的“效用原则”来看,这并不是一个合理的做法;从勤俭节约的角度来说,也不是一个好的选择。

此外,为了迎合消费者的爱好,对食品原料进行过度的加工,也会造成较大的浪费:正所谓“食不厌精,脍不厌细”,食品生产企业,追求食品的安全、美味当然是合理的,但过度的加工,则意味着食品的可食用部分中,就会有一些被扔掉而造成浪费。

例如,在稻谷加工的过程中,如果一味追求米粒晶莹剔透、洁白饱满,就很容易过度加工;而这些过度的抛光、打磨工艺,就会将一些本可以食用的部分也给去掉了,从而造成整精米率下降(即:单位重量的稻谷加工后,能得到多少的精米)。同时,这种过度加工的大米,虽然外观更好看,但维生素、微量元素等营养物质的含量,却不如正常加工的大米(因为大米中的营养物质分布并不均衡,越靠近米胚和表皮就越高,而加工时最容易磨掉这两部分)。如此一来,不仅是一种无谓的浪费,还对大米的营养价值带来了负面影响,实在是得不偿失。

诚然,食品生产企业,有权决定产品的包装和保质期,有权决定其产品的工艺和标准。只要不违反法律的规定,旁人无权干涉。但是勤俭节约是中华民族的传统美德,也是值得我们每一个食品工程从业人员所坚持的品格。

总而言之,在物质文化高度发展的今天,精神文明的建设也需要同步发展,而勤俭节约、珍惜粮食,就是一个很好的切入点,值得我们为之努力。

四、对超加工食品的伦理学辨析

在食品工程中,有一个比较容易引发争议的问题,就是超加工食品。很多人都对这个问题痛心疾首,认为它简直是谋财害命;也有业内人士认为,这是把超加工食品的问题无限放大了,消费者的营养和健康问题,并不是超加工食品就可以背锅的。在这一节里,我们就来谈谈超加工食品的伦理问题。

所谓"超加工食品"(ultra-processed foods,UPF)这个术语,出现于2009年。业界对其定义和内涵,目前观点尚不完全一致。本书采用比较主流的观点,即:超加工食品,是指食品原料经过一系列的复杂的工业加工,添加多种食品添加剂而制成的食品,普遍具有热量较高、高糖、高盐、高脂肪、低蛋白质、低微量元素的特点。其主要特征在于,食材的加工步骤较多,且大量地使用了添加剂(主要指添加剂的种类而非所占比例)。

这个概念相当宽泛,所以很难具体判断某个食品,到底是不是超加工食品?一般认为,含糖的碳酸饮料、巧克力、饼干、蛋糕、薯片、雪糕、蜜饯、汉堡、比萨饼、妙脆角之类的常见食品,都属于超加工食品的范畴——简单地说,本书大部分读者喜欢吃的零食,基本上都可算作超加工食品。

超加工食品引发的最大争议,就是它们会不会导致代谢综合征?有观点认为,近年来,超加工食品的消费逐年增高。相应地,糖尿病、心血管疾病、肥胖尤其是青少年肥胖也呈逐年增高的趋势,两者的走势是一致的,很可能存在相关性,说明超加工食品对于人类健康是不利的,应该加以控制。

也有观点认为,相关性不等于因果性。上述糖尿病、青少年肥胖等健康问题,是很多因素共同作用的结果。例如,智能手机和互联网技术的普及,让很多人选择久坐不动,体育锻炼缺乏;现代人生活节奏快、精神压力大,很多人吃饭都是用快餐或外卖解决,且长期睡眠不足;医疗水平和人群的健康意识都在增长,越来越多的人会参加定期体检,从而发现了很多过去没有意识到的健康问题……

对此,本文作者认为,对于超加工食品能否引发健康风险的问题,目前还没有定论。认为它有风险的一方所拿出的证据还不够充分,不足以支持这个推测。

然而,有一个现象,则是属于业界的共识:超加工食品的出现,的确让很多青少年降低了对未加工食品(例如,新鲜的瓜果、生食的蔬菜等)和最低加工食品(例如,煮好的米饭、蒸熟的鸡蛋、巴氏消毒的牛乳等)的摄入。毕竟,这些食品和超加工食品相比,味道是要差一些,然而,食品工业的魅力,就在于创造复合而有厚度的口感,满足消费者的口腹之欲。

而未加工食品和低加工食品,在热量上通常都是比较低的,含有的精制糖、食盐往往也比较低(哪怕很甜的桃子、西瓜,将其中的糖分与其总重相比,依然比很多加工食品的比例要低),且含有的膳食纤维和维生素较为丰富。总的来说,它们具有独特的营养价值,是超加工食品无法替代的。

从食品营养学的角度来看,答案也是类似的:营养均衡的前提,是广泛地摄入各种类别的食品,并且每一类食品都应该符合适当的比例。摄入的食品类别越单一,实现营养均衡的难度就会越大,甚至需要服用各种营养素补充剂(例如,长期坚持完全素食的人,往往需要额外服用维生素 B_{12},来满足身体的需要)。显然,长期偏爱超加工食品,忽略未加工、低加工食品,就是违反了这个要求,需要加以纠正。

因此,尽管对于超加工食品是否不利健康,目前还没有确切的结论,但从食品工程伦理的“谨慎原则”“生命健康至上原则”出发,食品工程的从业人员还是需要对其加以足够的重视。

第三节　食品广告中的伦理学要求

在现代社会,广告已经成为一种很常见、很合理的现象。几乎没有哪个行业,不需要投放广告,只是类别有所不同而已(例如,民航业、银行业、各大高校就很少投放产品广告,但会投放形象广告)。广告的价值,是让自己的产品和服务的特点被消费者所知悉,进而促成交易,这本身并没有任何不对。

但是,广告投放必须符合一些法律、法规的要求,例如有些行业、产品是禁止或限制广告投放的(如烟草和处方药)。对于食品工程这个特殊的行业,在广告制作和投放上,同样有着特定的伦理学要求,在本章之中,我们逐一加以介绍。

一、食品广告对真实性的要求

从法律上说,任何广告都必须坚持真实性的原则,不做虚假宣传。然而,我们也都知道,广告往往会用图片、视频等形式作为载体,必然就会有艺术的虚构、夸张成分。对于心智正常的成年人而言,并不会把这种艺术手法当真,所以也就不构成虚假宣传。例如,当你看到乳牛挤出了彩虹糖,或是巧克力豆嚷着“快到碗里来”,你会认为这是真实发生过的事情吗?

因此,对于食品广告中的“真实性”,实际上就存在一个模糊的地带,无法用法律、法规来完全加以规制。此刻,食品工程伦理就显得非常有用了。我们将用一些伦理原则,来判断什么是不该在食品广告中出现的内容。

1. 不宣传虚假的“优势”

在第四章里,我们讨论“消费者知情权”的时候,强调过实现知情权最大的阻碍,就是信息不对称。对于消费者而言,他们没必要变成每个领域内的专家(实际也不可能),面对该领域内的专业人员,信息不对称的问题就很突出。

此刻,如果专业人员利用了这种信息上的优势,就很容易在广告宣传中误导消费者。一种常见的手段是:宣传并不存在的“优势”。

例如,我们都知道,我国对于转基因农作物的审批是相当严格的,在食品领域更是非常慎重,批准商业化种植的品种屈指可数。然而,普通消费者并不知道这一点,加上一些无良自媒体以讹传讹的宣传,导致很多消费者相信很多农产品都有了转基因的品种。

而一些无良商家,就借用这种认知上的不对称,搞起了小花招。2017 年,某著名主持人开设一个网站销售食品,其中一个主打产品,就叫“非转基因小米”。在宣传中称“非转基因的小米,吃起来肯定比转基因小米更放心、更安全!”

然而,这是一个误导:迄今为止,我国并没有批准任何转基因小米的商业化种植,更没有批准转基因小米上市销售。换句话说，市面上能够合法销售的小米，全部都是非转基因的小米，该网站只是虚构了一个并不存在的优势而已。类似的案例还有“非转基因花生油”“非转基因圣女果”等，同样也是强调一个并不存在的优势。

当然，该类宣传广告，似乎也没有说假话，他们销售的的确是“非转基因的大米”“非转基因的花生油”。然而，这种文字游戏，利用信息不对称的优势，误导消费者。在逻辑学上，这种话术被称为“稻草人战术”，即先树立一个并不存在的敌人，再对其猛烈开火，以证明自己的英勇——就像是在广告中宣称，自己销售的是“不含食盐的菜油”，并没有任何实际的意义。这类宣传产品的虚假优势的行为，本质上是侵犯了消费者的知情权，违反了食品工程伦理的要求。

2. 不隐匿可能影响消费者决策的关键信息

尽管我们都认同消费者的知情权，但在什么程度上实现这个知情权，有比较大的弹性。通常认为，从食品工程伦理出发，至少不能隐匿足以影响消费者决策的关键信息，而应该主动提示消费者注意。

也就是说，当食品的名称(印在包装上最大的那个标题)足以产生歧义时，食品的生产者有责任在标签上加以明示，提醒消费者注意。

对此，我国的食品安全国家标准中，提出了明确的要求：必须在食品标签的醒目位置，清晰地表明反映食品真实属性的专用名称。[参见《食品安全国家标准 预包装食品标签通则》(GB 7718—2011)]即便如此，这种专用名称，有时候依然不足以让消费者产生足够的认识，还是存在误导的可能。

例如，对于“牛排”这个产品，普通消费者的理解往往就是“一块牛肉做成的肉制品”。然而，现实中有些牛排，是用多块碎的牛肉拼接而成。这种拼接牛排，外观上和营养价值上，与直接切出来的牛排并无明显差别，食品安全性上也没有差异，是一种完全合法的产品。

此外，按照相关法规的要求，这种拼接牛排，会在包装上标明：“速冻调理肉制品”；在配料表中，也会明示它使用了卡拉胶等添加剂(用于辅助肉块的拼接)，但大多数普通消费者，恐怕并不知道这些标识意味着什么。

类似地，有些午餐肉的包装上和广告中，都用明确的字体显示：“本品不添加淀粉！”然而，在它们的配料表中，往往又会很诚实地写上“大豆蛋白”的成分，也就是说，尽管它的确没有人为添加淀粉，但加了不少大豆蛋白(价格比猪肉便宜)，实际上还是利用了信息不对称，让消费者错误地以为“这里头全是肉。”

究其原因，主要是因为现行的国家标准体系中，更多侧重于食品安全，对食品质量的规定较少，很多种类的食品，甚至没有国家标准，这就给一些企业留了空子可钻。比较典型的两类食品，是“牛肉丸”和“全麦面包”，都引起了相当大的争议。

对于标称为“牛肉丸”的食品而言，并无国标加以规制，而按照推荐性行业标准《肉丸》(SB/T 10610—2011)，是允许在一种肉丸中，含有不同的肉类的，但必须以含量最高的那种肉类来命名。也就是说，如果某厂生产的牛肉丸中，牛肉占50%，鸡肉占30%，也是符合该标准规定的。同时，标称为肉丸的产品，含肉量实际上并没有国家标准加以限制，按照《肉丸》的规定，总的含肉量达到45%，即达到了该标准中“普通级”的标准，剩余的部分可用淀粉、大豆蛋白粉填充。

上述这几个例子,虽并未明确触犯法律法规。但不符合尊重消费者的知情权的原则。本书作者认为,是有悖于食品工程伦理的,也是不光彩的。未来的食品工程师们,应当引以为戒,予以避免。

3. 不进行没有科学依据的宣传

各国法律法规普遍都明确规定,食品就是食品,绝对不是药品,它们没有治疗效果,更不能替代药物;而特殊类型的食品,例如保健食品、特殊膳食用食品,可以在特定的人体功能上,起到辅助性的调节作用,但需要经过国家主管部门的特别审批。

因此,对于普通的食品而言,是不能宣称自己有调节生理功能的作用的,也不该通过各种手段,暗示这种作用。然而,现实中有不少反例,也引起了一些争议。

例如,有些食品宣称自己使用了"名贵材料",有些则强调加入了某个科学上还没有明确证明意义的成分作为卖点。这方面最明显的例子,就是婴儿配方乳粉中的 DHA(二十二碳六烯酸),尽管它的确是人体所需的一种不饱和脂肪酸,但外源性的 DHA,能不能提高婴儿的智力发育水平,并没有科学上的证据。实际上,无论是美国食品药品监督管理局还是欧洲食品安全局(European Food Safety Authority,EFSA),都曾公开表示,并不反对往婴儿配方乳粉中加入该成分,但也并不对其效果进行担保。

当然,还有一类更糟糕的做法,已经属于明知故犯了:这类食品的形状像是药片,包装则常像是一个药瓶;标签上和包装盒上的图案、文字,也在暗示它具有某种生物功能。然而,在它的标签上,却总能找到一行小字:"压片糖果"。这一下,它的本质就暴露无遗了。但是,普通的消费者,尤其是老年人,未必会留意到这 4 个小字,也未必理解它的含义。

此外,就在本书即将付梓之时,此类"没有科学依据的宣传",又多了一个案例:某著名乳饮料"××多"的关联公司,在广告中写到"益生菌在新冠病毒防治中有重要作用",暗示其产品对于新型冠状病毒肺炎有预防、治疗作用。随后,上海市浦东区市场监督管理局认定该广告为"不正当竞争",对该公司处以罚款 45 万元的行政处罚。

总之,尊重消费者的知情权,是一个基础的伦理要求。滥用企业在信息上的优势地位,欺哄消费者,终归是会失去消费者的信任,很可能因小失大。

二、尊重消费者的人格尊严

在第四章中,我们介绍过"尊重消费者的人格尊严"这一伦理原则。大多数食品工程从业人员,想必都会认同:消费者是厂家的衣食父母,完全不该得罪,也完全没有必要冒犯。然而,现实之中,冒犯消费者、进行道德绑架的广告却是层出不穷,屡屡引发争议。

例如,某果蔬类饮料,因其包装风格常年不变而闻名。然而,该饮料的广告也曾引来了麻烦。在一则广告中,该饮料中展示了一名女性的形象,配上文字"××××,我从小喝到大"。随后,有不少媒体批评该广告有低俗嫌疑,且容易误导消费者。随后,国家广播电视总局发出通知,认定该广告"片面追求感官刺激、宣扬低俗内容、违背社会风尚,价值导向存在偏差,易对广大受众尤其是未成年人产生误导",禁止该广告在各大卫视播出。

类似地,某零食品牌曾在 2017 年 11 月,在网站上发布过一则平面广告。画面中的女孩,以一个不太雅观的姿势,坐在床上吃零食,脚上却戴着镣铐,配以文字“鲜·嫩·多汁,想要吗?”该广告推出后,舆论一片哗然,纷纷批评它格调低俗、侮辱女性。该企业随即撤销该广告并公开道歉,但对其企业形象造成的不良影响,恐怕是短时间难以挽回的。随后,长沙市市场监督管理局认定,该广告属于《广告法》中规定的“妨碍社会公共秩序或者违背社会良好风尚”情形,对该企业及广告公司分别处以60万元的罚款。

此外,食品广告中,还能见到一些不适当的做法:嘲讽身材肥胖人士、秃顶人士,对消费者的身体状况进行贬损;宣称购买了××产品给父母才是有孝心,搞道德绑架等。本书作者认为,尽管这些广告不一定会遭到法律的制裁,但终究还是有悖于食品工程伦理的,理应摒弃。

总之,要想符合食品工程伦理,真正尊重消费者的知情权,就应该全面、主动、充分地披露产品的相关信息,求得消费者的理解和认同;同时,应该注意尊重消费者的人格尊严,特别是小众群体的人格尊严。毕竟,消费者不会永远被蒙蔽,互联网是有记忆的,嘲讽冒犯消费者终归会反噬自身。

三、食品包装上的伦理学要求

对于预包装食品而言,食品有包装是理所应当的。同时,按照现行的食品安全标准,在做好充分隔离和安全评价的前提下,在食品的外包装中,允许放入非食品的物体,例如方便面里的叉子、白酒盒里的酒杯。因此,就带来了一些食品包装上的伦理问题。

1. 不过度包装

食品分为内外包装,这是为了保证食品的安全性,同时也是为了美观,起到了一部分广告宣传的作用。这当然是合理合法的。但是,过度包装也是应该注意的问题。

这方面最突出的例子,就是我们都很熟悉的中秋月饼。它不仅是一种民族传统食品,也和中国人的节日文化密切相关,每年的销售量都很惊人。随着生活水平的提高,人民群众对月饼的期待也有所提高。而月饼本身的质量、食材、工艺的提高空间是有限的,有些商家就把注意力转移到了月饼的包装上来,在月饼的外包装盒里加入了茶叶、红酒等无关的东西,本质上属于搭售行为。此外,一个巨大的盒子里实际只有几小块月饼,吃过之后,包装也只能扔掉。

这种做法,有买椟还珠之嫌,同时也造成了一定的浪费。2009年,国家标准化委员会专门为此发布了一个国家标准《限制商品过度包装要求　食品和化妆品》(GB 23350—2009),对此进行了原则性的规定,如包装孔隙率必须小于等于60%,总的包装层数不得超过3层等。不过其中并没有禁止月饼盒中搭售其他食品的做法。

可喜的是,在国家发出了勤俭节约的号召之后,越来越多的月饼生产厂商做出了相应,在月饼包装上进行简化,不但减少了包装物的浪费,也降低了消费者的购买成本,是一件双赢的好事。

2. 对儿童食品的特殊伦理学要求

我们都知道,对于儿童专属的食品而言,其安全性上有更高的要求。同时,考虑到少年儿童心智尚未完全成熟的特点,对于儿童食品的包装、广告,也有特殊的伦理要求。

具体而言,在相当长的一段时间里,儿童食品中附赠小玩具、卡片,都是一种很流行的做法。最经典的例子,莫过于20世纪80年代的“小浣熊干脆面”,其中附赠的“水浒人物卡片”,成了多少孩子的难忘回忆。这类做法,在世界各国的食品企业中广泛采用,甚至连魔幻小说《哈利・波特》中的魔法世界,巧克力里也要附赠“著名巫师人物卡片”。

然而,从伦理学的角度说,本书作者认为,儿童食品的生产企业和从业人员,还是应该对此采取理性的态度,避免滥用“附赠卡片”的招数。例如,把食品的包装规格做得小一点,把卡片的搜集难度降低一点,避免儿童为了搜集全套卡片、玩具,大量的购买食品却又吃不完,最后只有扔掉,造成不合理的浪费。

这种做法,还能带来一个额外的好处:避免小朋友们吃了太多的零食,影响到正餐的食欲,甚至对儿童的健康成长带来不利影响。当然,这并不是法律法规的要求,而是食品工程从业人员的自我约束,也是身为父母者的同理心所在。

第四节　食品研究开发中的伦理学要求

在食品工程中,还有一个不容忽视的领域:食品的研究开发。在这个领域中,也有一些伦理要求,需要我们加以注意。

通常而言,一个研究、开发的创新程度越大,则对研究人员的水平就越依赖,其伦理上的要求也就越高,正所谓“能力越大,责任越大。”下面,我们就来分别加以讨论。

一、谨慎原则的体现

在第四章中,我们已经对谨慎原则进行了介绍,包括对食品相关的审批中、对转基因食品的谨慎态度等。而在食品研究开发的过程中,身为研究人员,我们同样必须遵循这个伦理原则。

具体而言,对那些创新程度较高的项目,例如食品新原料、新型食品添加剂、食品杀菌的新方法等,我们也应该坚持“有罪推定”的原则,先默认这些创新的东西里,是存在安全隐患,甚至要努力去搜寻一切可能的安全隐患。然后,再按照学术界公认的研究方法,通过各种实验,科学、严谨地去否定、排除这些隐患,一切以实验为准,基于数据来得出结论。

同时,不应该以任何科学技术之外的理由来推定这些创新是安全的。例如,“纯天然”“当地人长期食用”都不是合格、可靠的依据。毕竟,食品涉及很多人,“生命健康至上”的伦理守则,是必须牢记于心的。身为食品工程的从业人员,对此需要心存敬畏。

二、知情原则的体现

对新型食品原料、保健食品等创新程度较高的产品,我国都采取了审批制度。其中,就要求进行安全性评价,用动物实验来证明其安全性,有时候甚至需要通过人体试食功能试验才能得出结论。

当然,能够作为食品、食品添加剂的物质,安全性肯定是比药品要高得多的。因此,确实也没有必要按照《药物临床试验管理规范》那样去组织人体试食功能试验。但是,此处还是涉及两个重要的伦理原则:生命健康至上、尊重消费者的知情权。

首先，试验的主持人、组织者，必须在拟定试验方案的时候，全面梳理该试验品的安全性资料，尽可能地避免因为试验而对志愿者产生健康风险。如果资料不够充分，安全性还不能完全保证，应该推迟试食试验，用动物实验、文献调研等方式，来补足安全性评价所需的材料，确保试食的万无一失。

同时，试验的主持人、组织者，必须在试验开始之前，以书面形式充分地告知参加试验的志愿者，该试验的内容、目的，以及可能的风险，让志愿者自主决定是否参加。

在这方面，有一个非常糟糕的反例：2008 年 5 月，汤光文等在衡南县江口镇中心小学开展了一项人体试验：让儿童食用含有 β-胡萝卜素的大米做成的米饭。这种大米，因其颜色又被称为“黄金大米”，属于转基因产品，至今都没有得到我国卫生、农业部门的商业种植批准；试验中所用的材料（大米），是汤光文等非法带入中国的，其行为已经违反了《农业转基因生物安全管理条例》。

这次试验的目的，是为了检验这种大米对维生素 A 的转化、吸收效率的影响。试验之中，有 25 名儿童食用了这种大米，但没有出现任何异常状况。2012 年，汤光文等在国外发表论文，公布了上述研究的结果，引起了极大的舆论关注。

随后，由中国疾病预防控制中心牵头、浙江省医学科学院、湖南省疾病预防控制中心参加的联合调查组查明，试验之中，汤光文等刻意隐瞒了这种大米是转基因大米、未经我国批准食用的事实，哄骗学生及其家长签署了同意书，其行为严重突破了伦理底线，构成了严重的学术不端。随后，该试验的组织者中，来自中国疾病预防控制中心、浙江省医科院的两名科研人员，分别被处以行政撤职、降级等处分。上述单位也对参加试验的儿童及其家长公开道歉，并承诺将负责到底。

这起事件的恶劣影响，至今都没有完全消失。它让普通老百姓，对于科研工作者的信心打了问号，也对食品工程从业人员的伦理底线提出了拷问：我们能不能真正做到“生命健康至上”“尊重消费者的知情权”“小心谨慎”，还是仅停留在纸面上？

三、利益相关的声明和回避要求

很显然，食品的研究开发人员也是普通人，同样生活在各种社会关系之中，同样也有各种利益纠葛。因此，在食品研究开发的过程中，如果涉及利益相关的情形，从伦理上说，应该注意回避；如果没有利益相关，也需要公开加以声明。

第二次世界大战前后，欧洲、美国在食品领域的一些重大研究，直接影响到了日后食品工程的研究方向和公众的认识。例如，糖精是否有害健康？脂肪和糖，哪个对身体健康危害更大？而这些研究的背后，往往又有相关企业的影子：他们慷慨地资助本领域的著名学者，让其独立进行研究而不要求回报，但所谓“拿人手短，吃人嘴软”，这样一来，也就有人开始质疑研究的公正性和真实性了。

类似地，我国也出现过一些“利益相关”的争议事件。例如，某学者论证了低焦油的香烟对人体的害处较少，而该学者和烟草工业有长期的合作；某学者论证了某些白酒对肝脏有保护作用，而该研究背后也有某酒厂的资助——尽管我们不能妄加评论，这里头是不是真的存在碍于情面而笔下留情的问题，但终归是瓜田李下，给研究人员和研究结论都带来了不利影响。

然而,科学研究当然是需要经费的。企业赞助、和研究人员合作开展研究,也是一种很常见的事情。尤其是很多重大创新的背后,都是产学研合作结出的硕果。

因此,学术界渐渐接受了一个原则:允许科研人员光明正大地与企业进行合作、接受企业的科研经费资助;同时,如果该研究的结果,可能影响到企业的利益时,研究人员应当以适当的方法,公开披露这种利益相关行为(例如,在论文末尾标明研究经费来源),以便读者自己去判断结论的可靠性。相应地,如果某研究的过程,和相关企业、行业并无利益相关的行为,也鼓励研究人员明确声明"本文作者,与该研究均没有利益相关事宜",算是自证清白。

这种利益相关声明,并不是一个法定的事情,但对于食品工程从业人员而言,是一个稳妥的解决利益冲突的方法,值得提倡。

四、对研究数据的合理解读要求

研究之中,必然会产生大量的数据,而这些数据,就是研究结论的来源。同时,如何解读数据,避免对公众带来误导,就是科研人员应尽的伦理学责任了。

1. 不对数据进行夸大解释

在大多数情况下,科研人员对自己得到的数据,解释往往都是谨慎、恰当的,真正容易犯错的,反而是新闻媒体,毕竟,隔行如隔山,正确地理解并评价他人的研究成果,并不是一件容易的事情。

同时,对于食品工程的研究人员而言,伦理学中的谨慎原则,要求我们对数据进行合理、谨慎地解释。

具体而言,必须正确区分科学研究与商业宣传的界限,理解学术期刊和商业广告的差异,不对实验数据做出超越学术认知的过度解释。例如,体内试验和体外试验不一定一致,动物实验和人体试验不一定一致,大剂量和小剂量的生物活性不一定一致,短期喂养试验和长期喂养试验不一定一致等。对于这些不确定性,都必须有充分的认识,注意不要把可能性说成必然性,也不要把现有结论随意外推、扩大,避免对消费者造成误导。

此外,食品工程的研究人员,如果属于科研院所,就不可轻易为企业的宣传背书。因为此刻你所代表的,不仅是个人,还借用了所在的科研院所的声誉,甚至是整个食品行业的研究人员的声誉。一旦出现虚假宣传,影响极大,代价沉重,岂可不慎?

2. 不提出无意义的指标

在食品工程相关的研究、开发中,制定各项指标,当然是必要的。然而,如何选择指标,也考验着研究人员的水平与职业素养。

其中,有些指标是明显没有意义的,就不要为凑数而强行加上。例如,倘若某种农作物,在实际生产中,根本不会使用某类农药,那在它的检验标准中,加入这类农药的残留限值,就是没有意义的做法,不仅增大了企业的成本,也对消费者造成了误导。

相反,如果某个指标,直接或间接地影响到食品的安全性,哪怕国家标准中没有规定,我们也不能对其视而不见、故意规避,而是应该将其加入到标准之中。总而言之,确保食品安全性是第一位的责任,需要在科研工作中随时注意。

3. 综合考虑利益相关方的合理诉求

对于食品工程而言,标准是非常重要的法规性文件。而在相关标准的修订中,就可能涉及不同相关方的利益诉求。这种时候,就需要食品工程的从业人员,以食品安全为底线,合理地考虑各方的要求,在消费者利益、厂家利益和相关方利益之间,寻找到一个合理的平衡点。

这方面最突出的例子,就是《食品安全国家标准　生乳》(GB 19301—2010)的国家标准修订风波。

当时,在这个标准公布之后,很多媒体纷纷提出了质疑:为什么牛乳中的蛋白质含量标准,不仅低于欧盟等发达地区的标准,也比修订之前降低了?菌落数的标准,反而还提高了?这样的牛乳标准,是不是损害了广大消费者的利益,照顾了牛乳产商的好处?而该标准的牵头单位中国乳业协会,也被卷入了舆论的旋涡之中。

对这个标准,支持者认为,它照顾了我国牛乳产业的实际情况:当时,很多乳农仍然采取散养乳牛的方式,养殖规模较小,难以分摊标准化的养牛场建设的成本;如果把生乳的标准定得太高,就会导致很多鲜乳不合格而白白浪费,会损害乳农的利益。况且,这只是一个最低标准,企业完全可以选择比它要求更高、做得更好。

反对者认为,该标准是保护落后、保护小群体的利益,却罔顾广大人民群众的正当权益。该标准中的一些参数,不仅处于国际上的落后水平,甚至比修订之前的旧版标准还要低,难道,国人就不配去喝质量安全、营养丰富的牛乳吗?虽说它是最低标准,但一旦产品符合了它的要求,那就是合法产品,可以销售,你又如何督促企业,自己提高成本,采取更高的标准?

这件事情的争议之大,从一个事实就可以看出:2018 年,国家有关部门曾组织对该标准进行修订,而目前尚未出台新标准,也算是一个"难产"的标准吧。

对于这个标准的争议本身,本书作者无意做出判断,各位读者可以自行琢磨。而借着这个例子,我们也可以看到,食品标准的确定,有时候会产生巨大影响,需要非常谨慎地处理,依靠我们的知识和伦理,综合考虑各方的正当利益,才能做出相对合理的结论。

五、对食品工程中动物实验的伦理学要求

在食品的相关研究,尤其是食品原料、食品添加剂的安全性评价中,有一个很常见、几乎无法避开的模式:动物实验。而对于实验中使用的动物而言,是有明确的伦理要求的,在此简单介绍一下。

1. 动物实验的正当性

顾名思义,动物实验,就是为了科学研究、生产、监管等实际需求,使用动物来完成特定的实验。而实验的结局,实验动物几乎都会死亡(特例是用大猩猩等特殊动物进行特殊实验),且实验过程中,往往会给实验动物带来痛苦,如感染、灌胃、注射、电击、烫伤、取血、划伤等各种伤害。

因此,自从动物实验诞生开始,其正当性和合理性就一直饱受质疑:为了人类的健康、安全,却去折腾这些无辜的动物,人为地给它们造成各种难忍的痛苦,最后还要让它们付出生命,这究竟是不是正当的、合理的呢?是不是违反动物福利呢?该不该允许它

在这个文明的社会中,继续保留呢?

事实上,不仅普通公众有这样的质疑,就连很多动物实验的研究者,在面对长期、大量的实验动物死亡之后,也会对行为的正当性产生动摇。

当然,这种质疑甚至指责,实际上是源于人类的同理心,正所谓人皆有不忍之心,这在第四章中,我们对此有过论述,不再重复。这种尊重生命、温柔善良的品质,当然并不是什么缺点——相反,那种漠视实验动物的生命,将其视为草芥、耗材的做法,才是违反食品工程伦理的表现。

同时,我们认为,动物实验具有正当性、合理性、科学性,至少在目前的科学技术发展水平上是如此的。这主要是因为以下 3 个原因:

首先,从本质上说,动物的生命和人类的生命、健康,是绝对不等同的。从伦理上说,我们为了拯救人类的生命而牺牲动物的生命,并没有什么不对;反之,则是世界各国的人民都会难以认同的。实际上,从人类诞生开始,我们的祖先就已经开始狩猎其他动物,将其作为生存所需的食物来源,就宣告了人类和动物的地位是截然不同的。为了人类的生存、福祉而使用动物,从道义上是合理的。尽管人类相当重视动物福利,很多动物也和人类建立了感情(尤其是猫、狗等可爱的宠物),但归根到底,这依然是人类对自己的一种额外约束,和对特定动物的共情,不能改变两者的相对地位。

其次,在人类的科学研究和生产实践中,还有许多的问题,必须经由动物实验来回答。对于食品安全领域而言,动物实验有两类主要目的:验证某个物质是不是对人有毒有害,确定某个物质是不是对人有特定的益处。显然,这两个问题如果不能准确回答,对于人类社会的生存和发展是相当不利的,尤其是“能不能吃”这类和食品安全有关的风险,直接关系到特定人群的健康甚至是生命安全,当然不能凭感觉来判断,只有通过试验才能得出结论。显然,我们不能也不应该,让人类自身来冒险尝试——那种不顾受试者安全、健康,肆意妄为的人体试验,类似于德国纳粹和日本 731 部队的做法,早已被人类所唾弃,是绝对不能允许的。然而,目前的科学技术,还做不到仅通过计算机模拟、仪器分析,就对这些问题做出回答。生命现象太伟大了,人体也太复杂了,我们还无法通过数字式的虚拟试验来得到所需要的数据。因此,解决之道,就是让动物替我们去做实验,用它们的生命,替人类赴汤蹈火,开辟出一条“安全通路”来。“魂归自然,功留人间”,就是表达人类对于它们的尊敬。此外,尽管有上述两个理由,人类对于动物实验、实验动物的福利,依然是高度重视和克制的。从实验方案的设计、审查到实施,伦理上都有诸多约束性的准则,尽可能降低实验动物的痛苦、减少实验动物的牺牲,避免不必要的伤害。

总而言之,动物实验,在人类目前的科学技术水平上,依然是一种必要之恶,是为了增进人类的健康、福祉的崇高目的而开展的科学研究工作。只要严格遵循了动物实验的规定、恪守动物实验的基本伦理,则实验人员的行为就是正当的、合理的。

2. 动物实验的基本伦理

具体而言,动物实验的基本伦理,可以用以下几方面的要求来概括:

首先,尊重实验动物的生命。在单个实验方案中,在保证实验的可行性、可信度的前提下,应当尽量控制实验动物的使用数量。为此,要求实验方案的设计者通盘考虑,尽可能地减少对实验动物,特别是哺乳动物的数量依赖。

其次，在整个实验流程中，也即从实验动物进入实验室，到实验结束处置实验动物之间，必须时刻注意减少实验动物的身心痛苦，尽可能地降低对动物正常生理状态的干扰。坚决禁止无确切目的、无确定方案、无明显必要的动物实验。

为实现上述目的，在长期的动物试验中，这些要求被总结成了“5F”和“3R”两个体系的具体规定。

(1)实验动物的五种基本权利　所谓“5F”，是规定了实验动物有以下5种基本的权利：

免于饥渴的权利，即实验动物应当享有最基本的营养供应　当然，有些特殊的实验，需要动物在短时间内断食，不在此列；即便如此，除非万不得已，也应该让动物保持自由饮水。

免于颠沛流离的权利，即实验动物应当享有安全、舒适的居住环境　实际上，过分拥挤的环境，不仅对动物的福利是一种伤害，也会导致动物之间出现打斗行为，造成实验动物的受伤、死亡。而炎热、寒冷、潮湿、肮脏的居住环境，显然也不利于实验动物的居住。

免于伤病痛苦的权利，即实验动物应当享有健康、正常的身体状态　除非是实验上确有特定需要，否则应该尽可能地保证实验动物不感染各种疾病，不遭受外伤，不因饲养环境的缺陷而造成痛苦。遵循这一原则，需要在实验方案上努力优化，尽可能降低因实验而带来的痛苦。

免于恐惧悲伤的权利，即实验动物应享有心理上的健康和平静　很多实验动物，尤其是啮齿类的动物，对外界环境中的威胁非常敏感，稍有风吹草动(例如，隔壁房间装修的声音，运输动物时的颠簸)，就很容易进入应激状态，对此就需要加以保护。此外，目睹同类的死亡，对哺乳动物而言，往往是一个非常恐惧而悲伤的事情，因而在涉及处死实验动物的环节，切忌让其他实验动物看到。

免于限制天性的自由　动物都有自己的天性，包括本能和习惯，以及日常的活动行为。因此，有必要为它们提供基本的设施、条件，让它们的天性得以自由的伸张。例如，笼舍内适合动物玩耍的玩具，正常的晨昏节律，都是顺应动物天性的一种措施。

上述这些要求，不仅是对动物福利的保护，也是为了实验数据的真实可信。可以想见，当实验动物感染了疾病(因实验需求而故意感染的除外)，或是经常受伤，则其身体就处于一种不正常、不健康的状态，得到的实验数据当然也是不可信、不可靠的。在一些国家，“5F”的要求甚至被推广到了所有的饲养动物(而不仅是实验动物)，也是一个很有意义的想法。

(2)动物实验中的3个指导性原则　在做到“5F”的基础上，作为动物实验的主持者、实施者、监督者，在伦理上还有一个“3R”的指导性原则。

所谓“3R”，是3个词的合称，分别是“减少”(Reduction)、“替代”(Replacement)和“优化”(Refinement)，也就是对动物实验设计、实施时的3个指导性原则。其意义分别是：

减少，就是减少对实验中，对动物的使用数量。为此，需要在实验方案上加以改进(例如，在测定LD_{50}值时，改进的“上下法”就比原来的方法，少用一半以上的动物)，尽可能地在一只实验动物身上，拿到更多的实验数据。在实验设计时，如果发现使用的动物数量太多,就应该非常谨慎地检视实验方案,寻找可能的减少之道。

替代,是指用进化程度低的动物(例如,果蝇、线虫)代替进化程度高的动物(例如,狗、猴子),或是用无感知能力的物体代替有生命的动物(例如,用离体的小鼠肠道代替活体的小鼠、用体外肿瘤细胞代替大鼠身上的肿瘤、用培养皿里的细菌代替活体的兔子)。尽管进化程度高低的物种本质上都是生命,但它们对于人类而言,是存在感情上的亲疏远近的,能让人类产生的共情也是完全不同的,因而给人类带来的心理压力就有着巨大的区别。例如,杀死一条比格犬,往往就比杀死一只小鼠要为难得多;而杀死培养皿里成千上万的细菌,对人类而言似乎根本没有任何不适感。因此,"替代"的原则,逻辑很像是梁惠王的"易以羊",却能有效地保护实验者的感觉和情绪。

优化,指的是在实验过程中,尽可能地优化实验方案和操作,减少创伤性试验带来的痛苦。例如,采用合理的方式麻醉动物,在实验中避免动物受到惊吓,在处死动物时使用无痛而快捷的方式等。

而上述指导原则的核心,还是科研人员对于生命的敬畏,和对实验动物的感恩。当我们努力地完成了"3R",确保了"5F"之后,就可以对于动物实验问心无愧了。同时,从工程伦理的角度说,精心做好每一次动物实验,让实验尽可能多地产出科研成果,充分地发挥实验动物的价值,才让它们的牺牲更有意义。

实际上,各国目前对于动物实验中的伦理评价,都非常看重,甚至直接影响到科研成果的发表。如著名的《自然》(*Nature*)杂志,自 2010 年来,就有多篇文章被撤稿——不是因为学术造假,而是因为动物福利出了问题。2022 年,我国某学者在 *PLOS One* 杂志上发表的一篇学术论文被撤稿,原因是实验中使用了水合氯醛作为水貂的麻醉剂,而有研究认为,这种麻醉剂并不可靠,完全可能让水貂感受得到痛苦。而水合氯醛还可能导致水貂的腹部发生腹膜炎,进而导致严重的疼痛。当发现实验动物出现明显的痛苦(如肺音异常、拒绝进食、体重减轻等),没有及时处死该动物,任由其痛苦持续。尽管该杂志并不认为,作者的上述做法是故意漠视动物福利,但仍然以该文章"不符合最高的伦理标准"而将其撤稿。这个教训也是相当深刻的。

总而言之,在动物实验中,对于伦理问题予以高度的重视,履行 3R、5F 的伦理义务,能够有效地缓解实验人员的焦虑感和负疚感,也是符合工程伦理的基本思想、符合时代发展的主要趋势的。

六、对食品开发的其他伦理学要求

此外,在食品工程的研究开发之中,还有一些较为琐碎的伦理学要求,我们也简单的介绍一下。

1. 尊重特殊消费者的选择权

通常而言,食品的目标人群都是非常广大的,几乎等同于全体消费者。然而,也必须看到,这个世界上还有一些消费者,虽然相对人数很少,但却有着特殊的食品需求。对于这部分人群的选择权,伦理学要求我们还是尽可能地予以尊重。

例如,有一种罕见病,叫作苯丙酮尿症。其患者因为缺乏一种酶类,不能将蛋白质正常地消化、分解,因而必须从婴幼儿开始就食用低苯丙氨酸含量的食品,至少到青春期之后，才可能恢复普通饮食，否则就可能面临智力发育迟缓、神经系统病变的可怕后果。相反，国内外都有多个成功的案例报道：对苯丙酮尿症的患者，尽早发现、尽早进行饮食干预，长大之后和正常人并无差异，算是罕见病中比较幸运的一种了。

然而，苯丙氨酸是一种极其常见的氨基酸，在绝大多数食物中都能找到。患儿所需的低苯丙氨酸食品，只能来自工厂的制造。

制造这种食品，难度并不算大，但其消费者群体很小，难以扩大生产规模，成本也相对较高。因此，目前这类食品的品种很少，患者的选择余地非常小，甚至可能十多年都要吃同一种面饼。这当然不是企业的错，也不是患者的错，但终究还是一件令人难过的事情。因此，也有媒体呼吁，能不能由业内有实力的企业牵头，为这些有特殊需求的患者，集中开发、供应一些符合医学要求，又具多样性的食品呢？

但愿，随着社会和科技的发展，这个问题能找到答案吧。

2. 防范食品被滥用

在第四章中，我们介绍过食品的“非预期用途使用”的问题。从法律上说，消费者在标称用途之外滥用食品，厂家是没有责任的。但从伦理上说，提醒消费者不要滥用食品，也是“生命健康至上”原则的体现。

这方面的要求，主要体现在代餐等减肥食品上。通说认为，适量的饮食和运动，是减肥的两个必备条件，才可能实现人体的能量亏空，从而让身体有序地动用脂肪储备。如果仅依靠饮食而没有适当的运动量，想要减肥是非常困难的，还可能导致电解质紊乱、缺水、腹泻等不健康的状态。

而市面上的不少代餐产品，往往都是通过高纤维、低热量来制造一种饱腹感，从而让消费者控制能量摄入，但这并不能代替适量的体育运动。因此，作为产品的开发者，伦理学要求我们，在包装上对此加以提醒，尽可能地避免消费者对产品的非预期用途使用，只“管住嘴”而不“迈开腿”，甚至误认为吃了这些代餐，就可以不控制饮食，放开随便吃。

那样的结果，显然是我们不愿意看到的。

3. 积极为民族文化做出贡献

作为食品工程的从业者，我们的主要职责，就是确保食品的安全和质量，并尽可能地满足消费者对食品的感官需求。同时，作为社会主义精神文明建设的参与者，我们也有着一项特殊的伦理要求：在食品工程之中，努力弘扬民族文化，传承和发扬文化自信。

具体而言，这一伦理要求我们，在食品的研究开发中，尽可能系统地梳理传统文化资源，找到传统饮食和现代市场需求的结合点。在传统饮食的发展中体现文化自信，增进民族自豪感。

这方面的一个例子，就是近年来很流行的文创雪糕。虽然它们也存在着“价格是否太高”的争议，但毕竟是把古老的文物与流行的食物结合起来了，为其赋予了新的生命力，也为其适应网络时代的宣传插上了翅膀，应该是一个较为成功的实践。

4. 提高生产管理水平，拓宽食材来源

在第三章第二节之中，我们已经讨论过食物的综合利用率的影响：对于现代人而言，食材中的可食用部分，往往占比不大，从而造成一定的食物浪费，影响到食品的可及性。

因此,食品工程人员的一个重要伦理,就是努力提高食物的综合利用率,这里就不再赘述。同时,另一个重要的责任,则是拓宽食材的综合来源,积极开发新的资源,为保障粮食供应安全而寻找新的可能性。

正如习近平总书记号召的那样,要树立"大食物观","要向森林要食物,向江河湖海要食物,向设施农业要食物,同时要从传统农作物和畜禽资源向更丰富的生物资源拓展,发展生物科技、生物产业,向植物动物微生物要热量、要蛋白。"(《参加全国政协十三届五次会议的农业界、社会福利和社会保障界委员时的讲话》,2022 年)

具体而言,我国现在的食物来源,还是比较狭窄的,主要还是依赖于种植和畜牧业的供应,对水产品和其他食物来源摄入不够。尤其是在蛋白质的消费上,我国居民普遍存在"一高两低"的现象,即肉类产品占比高、水产品和乳类占比低。从健康膳食的角度说,这种饮食结构是需要加以改进的。

按照《2020 年全国渔业经济统计公报》的数据,2020 年,全国水产品人均占有量为 46. 39kg;2019 年,人均水产品消费量为 13. 6kg/年,低于世界平均水平(20. 5kg/年)。

而水产品是优质的蛋白质来源,其总量也是非常庞大的。如果能充分地利用水产品作为食物来源,对我国的食品供应安全,有着巨大的促进作用。

然而,水产品的开发利用,却又存在诸多的挑战,主要体现在水产品的加工和综合利用上。

对于海洋捕捞,特别是远洋捕捞来说,捕捞本身并不是技术难题,真正的瓶颈在于捕捞之后的加工、利用。水产品蛋白质含量高,因而也非常容易腐败,运回陆地再处理、加工,显然是不现实的。而要做到就地加工,就需要有现代化的、集约化的"船上工厂"(也称为"工厂船")和可靠、有效的生产管理技术。尤其是水产品捕捞,往往是原料规模不均匀、原料种类(即捕获的鱼类)繁杂、存在被藻类毒素污染的风险等难点,对生产管理、质量控制上提出了极高的要求。

同时,还必须看到,我国目前对水产品的综合利用、精深加工的水平依然还不够高。具体表现在产品类型单一、原料利用率低、生产废弃物多、副产物利用渠道狭窄等问题。例如,对于海洋捕捞来的鱼类,绝大多数都只是做成冷冻品(整鱼、鱼片、鱼段)、鱼糜制品、鱼干、腌制食品、鱼类罐头这几类食品,鱼头、虾壳、内脏等部分基本都只能作为废弃物,或是经济价值很低的肥料、饲料。然而,这些部分虽然难以食用,却依然含有很多的蛋白质,以及二十二碳六烯酸(DHA)、二十碳五烯酸(EPA)等功能活性成分。

因此,我国食品工程人员,近年来也在这方面投入了巨大的精力,取得了许多可喜的成果。例如,尝试将那些体积很小的虾(如南极磷虾)、鱼内脏经过精深加工,制成虾油、鱼油;在牡蛎、海参中提取的多糖和小分子肽类,都被证明具有生物活性,对于饮食健康有非常积极的意义,其经济价值也很高。

另外,即使是普通的冰鲜鱼片、鱼段,其保存和运输,实际上也存在许多技术上的难题:如产品中鲜味和鱼肉紧致感的保持、防止腥味增大、稳定产品的风味物质、严防微生物滋生等。要解决这些问题,就必须依赖食品工程上的科技进步,综合运用滋味调理、腥味掩蔽、气调包装等手段,才能尽可能地实现目的。

而要实现这些目标,当然离不开食品工程人员的不懈努力。这不仅是解决了产品的品质和安全问题,也不仅是充分利用水产品中的蛋白质,减少食品加工中的浪费,更是为拓宽食物来源渠道,增强食品供应的安全,提高人民生活品质做出了贡献,是值得我们为之奋斗的光荣使命。

一句话,让人民吃饱、吃好、吃健康,就是食品工程师在工程伦理上最好的注脚。

5. 食品研究开发的其他社会责任

最后,身为食品工程的开发人员,同时也作为一个建设者,在食品研究开发中,还有一个总的原则:努力去做有利于国家、社会、人民的事情,贴合实际需要,秉持“大食物观”“把论文写在祖国的大地上”。

当国家有特殊的需求时,我们应该努力予以积极的相应,力争为此做出贡献。历史上,蒙古人之所以能够长途奔袭,与他们兜里的干酪和肉干是密不可分的,这种高蛋白高脂肪的食物,非常适合那种场合使用。而到了拿破仑的时代,为了实现远征的战略构想,他特意悬赏开发能够长期保存而不变质的军用食品,接下来的事情我们都知道,罐头食品从此就诞生了。

而在第二次世界大战中,面对食物供应短缺,英国和美国的诸多食品工程人员,也做出了积极的回应,开发出了许多“代用食品”。这些产品的确味道不怎么样,营养价值也不高,不过是为了满足心理上的感受——例如用麦芽制成的“代用咖啡粉”,用牛乳加骨胶制成的“代用奶油”。然而,正是它们支撑民众熬过了最艰难的时刻,赢得了反法西斯战争的胜利。从这个意义上说,这些代用食品的开发者,同样是值得表扬的。

另外,针对高海拔地区交通不便、天气寒冷的实际情况,我国的食品工程人员,近年来也开发出了诸多符合官兵需求的浅盘食品、节日特殊会餐食品。在电视新闻中,看到边防哨所的官兵们,通过简单的加热操作,就能吃到营养丰富、色香味俱全的节日大餐,身为食品工程的从业人员,职业荣誉感也油然而生。

另一个例子,是我国近年来开展的儿童营养改善项目中,普遍使用的婴幼儿辅助食品营养包。这种营养包属于辅食营养补充品,含有多种维生素、微量元素和蛋白质,适合添加到婴幼儿的辅食之中。在发达地区,婴幼儿普遍能够得到符合营养要求的饮食,但在一些欠发达地区,则长期存在婴幼儿辅食营养素不足的问题,用这种国家免费发放的营养包,就能够予以很好的补充。这种营养包的作用,能够让婴幼儿在智力、身体发育方面都保持应有的水平,在提高人口素质、增进个人发展潜质方面,有着积极的意义。而开发、生产这种婴幼儿辅助食品营养包,当然是对国家、对民族做了很有意义的事情。

这种为国家战略服务的自觉,也是食品工程伦理在开发领域的一种特殊要求,是对每一位食品工程从业人员的美好期待。

第五节 涉及食品新闻报道时的伦理学要求

新闻媒体的报道,在现代社会中起到了不可或缺的作用,有利于进行舆论监督,也有助于保护消费者的正当权益,因而甚至被尊称为“第四权力”(另外三种分别是立法权、司法权、行政权)。当然,本书的读者几乎都不会是新闻专业出身,没有必要在新闻报道的技术问题上过多纠结；但在未来的工作中，如果遇到了涉及食品安全的事件，作为食品工程的从业人员，知道一些相应的伦理学要求，也还是有积极意义的。

一、新闻报道的伦理底线

在各国的新闻媒体中，都有一个共同的伦理底线：新闻的真实性。

显然，新闻报道之所以有存在的必要，媒体之所以被法律赋予特别的权力，就是因为它能够向公众传递真实的信息。倘若它传递的是带有虚假的信息，甚至是赤裸裸的谣言，那它对公众的知情权就毫无帮助，反而会助纣为虐，让虚假信息扰乱正常的社会秩序。这样的“新闻”，就不再具备正当性，理应遭到全社会的唾弃。

也就是说，一个合格的新闻报道，应该是忠于自己所看、所闻的情况，既不夸大，也不限缩，更不要发挥想象力，随意地改变事情的真相。当然，我们相信，绝大多数新闻工作者，是恪守新闻职业伦理的，但在食品安全相关报道的领域，的确还是出过几个不光彩的案例。

第一个例子，发生于2007年6月。当时的北方某电视台，在新闻节目中播出了一个耸人听闻的消息：某早点铺子，居然用切碎的纸板混入馅中，再做成包子出售。节目播出后，舆论一片哗然，很多人都在指责早点铺的老板毫无底线；但更多的声音则是质疑报道本身：谁都不是傻子，吃到了纸板做的包子馅，难道不会找老板算账吗？

质监、卫生等相关部门随即展开行动，经大面积抽查，在全市早餐店都没有发现这种“纸馅包子”。很快，调查结果出炉：这是一条彻头彻尾的虚假新闻。该节目组的记者訾北佳，为了哗众取宠、谋取所谓轰动效应，找到某早餐店老板要求定做包子；随后，又以“拿来喂狗”为由，要求老板把纸板剁碎、加入到包子馅中，并趁机偷拍了制作过程。接着，他又以剪辑片段、重新配音等手段，炮制了这个所谓的“纸馅包子”事件。最终，该电视台公开道歉，而訾北佳也被裁定为犯有损害商品声誉罪，判处有期徒刑1年。

另一个案例，则来自成都。2019年，成都市某实验学校的一群学生家长，在媒体上公开斥责学校的食堂违规使用发霉、变质的食品原料，并配上了多张照片，看起来触目惊心。

然而，在随后的调查中，警方发现，照片上所谓的“发霉的鸡腿”，完全是人为捏造的：3名家长强行闯入厨房后，先撕破食材包装袋，将食材倒在地上；接着拿起作为调料的姜黄粉，撒在了冰冻的鸡腿表面，再对着鸡腿拍照；类似地，还把红曲米撒在毛肚上，也是为了制造毛肚已变质的假象。面对监控视频的铁证，几名家长对自己的造假行为供认不讳，并承认自己就是为了营造“视觉冲击力”才故意炮制假照片的。此外，联合调查组取样送检后证实，除了红薯粉条上发现霉斑（不合格）之外，其他食材和厨房环境，均未检测出违规之处。

以上两个例子，虽然说是极端案例，但也是在提醒我们：面对食品安全事件时，需要沉着应对，实事求是的配合调查；同时对于此类新闻，也不妨“让子弹飞一会”，等待官方的调查结果。

二、食品工程从业人员对新闻报道的伦理学责任

显然,我们都不希望虚假、错误的新闻报道给社会带来误导,给行业带来困扰。因此,作为食品工程的从业人员,对于此类涉及食品安全的新闻报道,要有一定的伦理义务。

首先,当收到媒体的专业问题求助时,应该积极地予以回应,在自己的知识和经验范围内,对问题予以实事求是的解答。这有助于帮助媒体确定技术细节,厘清事情的脉络,尽可能地避免报道中出现偏差。当然,对自己知识范围以外的问题,也要实事求是地回复求助的媒体。

同时,对于网络自媒体上流传的食品安全的种种虚假的"内幕揭秘",尽可能地主动联系媒体,予以辟谣,以正视听,维护食品工程的整体声誉。此外,鼓励食品工程的从业人员,凭借自身的知识,积极参加食品安全相关知识的科普。对于坊间流传的各种食品安全的谣言,尽量予以澄清,避免消费者再被误导。

这种努力,不仅是对消费者知情权的真正尊重,也是为社会、为行业做贡献的实际举措,体现了高度的社会责任感,也符合食品工程伦理要求。

三、食品营养与安全的科普责任

仅从法律、法规的角度上说,食品工程师并没有进行膳食方面知识普及的责任。事实上,除了专职的科普工作者,甚至从工程伦理上说,除非是和所处置的工程直接相关,工程师都没有义务向社会公众进行相关的知识普及。

然而,和其他消费品不同,食品的营养与安全问题,直接关系到人民的身体健康,甚至影响到国民身体素质的普遍提高。现存的问题是,这部分的知识普及、宣传上,目前存在着良莠不齐的现象,尤其是在网络上,各种不科学、伪科学的信息鱼目混珠,给广大群众带来了极大的困扰。

同时,食品营养、食品安全的科普,本身是需要强大的专业知识储备作为基础的。外行即便想去做、愿意做,也需要花费极大的精力来搜集、整理材料。相比之下,食品工程师具有天然的知识优势,在相关知识的科普上更容易做好。正所谓"能力越大,责任越大",由此,就衍生出了我们在食品营养、安全方面的科普责任,向广大群众传播正确的、可靠的、通俗易懂的相关知识,促进广大群众和食品行业一起,共同提高饮食方面的福祉。

实际上,进行食品营养、安全方面的科普,对于整个食品行业、食品工程师而言,同样也是有长期回报的。例如,它可以让消费者理解,为什么工业生产的食品是安全的;为什么要增大摄入优质蛋白质,尤其是水产品和乳类的摄入;它也可以让消费者看到我国在食品安全方面所做出的努力和成就,增强对国内食品行业的信心,提高对国产食品品牌的信任……这些,对于提升整个食品行业的美誉度,都是有极大的意义的,相信各位读者都能理解。

因此,我们认为,在条件允许的前提下,食品工程师可以并应该参与对食品安全、食品营养的知识科普,让正面的、靠谱的声音,占领食品相关舆论的阵地,为促进社会和谐

贡献自己的力量。

小结

在本章之中,我们介绍了食品生产各个环节之中,分别需要注意的伦理学问题,包括食品的原料获得、食品的生产、食品的广告包装、食品的开发研究等部分。

总体而言,无论是在哪个环节中,其伦理原则是共通的,那就是第四章中提到的几个基本伦理原则:生命健康至上,尊重消费者的知情权,谨慎地对待各个环节中的风险。同时,当食品的开发研究中,涉及到动物实验时,应当严格地遵循"5F""3R"原理,尽可能地避免不必要的伤害,保障实验动物的基本福利。此外,在食品的研究开发中,积极发掘传统饮食中的亮点,适应现代人的饮食习惯,努力弘扬民族饮食文化,增强文化自信,也是一个非常重要的伦理要求。另外,在可能的情况下,努力做好食品营养、食品安全的相关知识科普,也是一种伦理上积极鼓励的行为。

思考题

1. 对于人类的科学研究而言,总会有暂时还不能到达的认识深度。那么,为什么会有这种现象呢？随着科学技术的进步,你认为这种现象会消失吗？

2. 有人认为,有关食品安全的报道,很多都是流于表面,甚至有技术上的硬伤。那么,你认为解决这种现象的途径是什么？

3. 有人提出,在食品监管和审批的领域,太过保守、审慎的话,就很容易损害企业的创新热情,阻碍我国食品工程技术的进步。你认为这种观点是否合理？

4. 对于我国"生乳"的国家标准制定,业内和普通民众都非常关注。对此,你有什么看法？为什么这么考虑？

第六章　食品行业内的职业伦理建设

学习目的与要求：

1. 理解食品安全文化的价值和意义。
2. 了解食品安全文化建设的思路。
3. 能够应用食品工程伦理的原则，对食品安全文化建设提出建议。

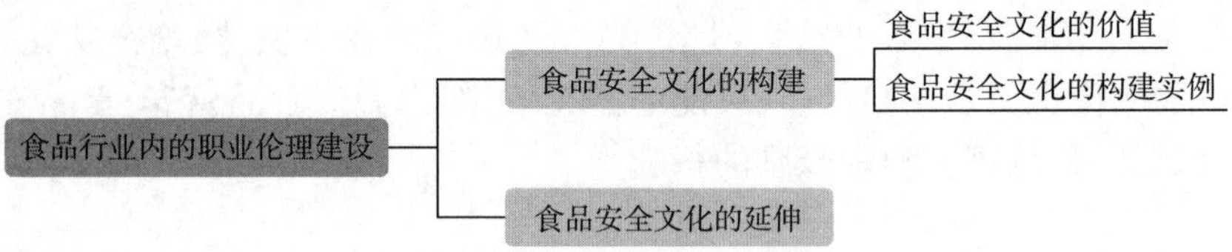

本书的读者，大多数都是未来的食品工程师。作为受过系统教育的从业人员，我们的知识、技能和伦理学水平，在食品相关企业中是相对较高的。正所谓“能力越大，责任越大”，行业和社会，都期待我们能够为食品行业、企业的工程伦理建设起到推动作用。

因此，本章之中，将简要介绍食品相关企业中，食品工程伦理建设的要点，供各位读者参考。

第一节　食品安全文化的构建

文化的内涵非常丰富，难以用一句话概括；它还能和很多词结合起来，在细分领域内产生新的含义。例如，企业文化、行业文化、食品安全文化等，就是工业活动中各种精神活动的总称。

其中食品安全文化和食品工程密切相关。

一、食品安全文化的价值

通说而言，食品安全文化，指的是在某个特定的食品工程相关企业中，全体员工对于“食品安全”这个目标的态度和观点的综合，以及随之而来的习惯、风气等。

1. 食品安全文化的内涵和价值

这种“文化”，并不是哪一个人的看法。无论是企业管理者还是员工，其观点、态度的影响力都是有限的，最多也就能影响到他身边的几个人而已。只有当公司的员工中，大多数人对于食品安全的看法是接近甚至趋同时，才能从一个点变成一个圆，乃至覆盖整个企业的一片云，发挥出它的作用。

这种“文化”，也不等同于公司的规章制度。规章制度、标准操作流程（Standard Operating Procedure，SOP），都是非常刚性的，包含了诸多具体的技术细节。而食品安全文化，是本书强调的“食品工程伦理”在特定的企业中的投射和反映,体现的是一种潜移默化、温柔而坚定的软性力量。

也就是说,要搞好企业的食品安全文化建设,本质上就是把食品工程伦理的诸多要求,结合企业的实际,通过宣讲、讨论、案例分析等形式,映射到每个员工的认识中去,并获得大部分员工的认同。

在一个现代化的食品工程中,“人”,也就是企业的所有员工,就是食品安全的核心因素,没有这种文化认同,再好的质量管理体系也会失效。

难以想象,一个缺乏食品安全文化的食品企业,员工能够真正把各种规章制度、SOP 贯彻落实。倘若该企业的食品安全文化极度薄弱,则员工很容易在日常生产中,有意无意地忽略各种技术要求,得过且过地完成工作任务,甚至故意偷工减料。这就让食品生产质量管理体系难以发挥作用,也让生产的食品质量,处于不可靠、不可控的状态。

因此,在比较主流的食品质量管理体系中[如 BRC-FOOD 体系、全球食品安全倡议(Global Food Safety Intiative,GFSI)倡议等],都很强调“食品安全文化”的意义和作用,并将其作为认证中的一个基本项目加以考核。作为食品工程的从业人员,积极组织、参加本企业的食品安全文化构建,也是一件非常有价值的工作。正所谓磨刀不误砍柴工,企业投入资源,来建设本企业的食品安全文化,相比质量波动带来的损失,实在是太划算了。

2. 企业食品安全文化的构建条件

通常而言,企业的食品安全文化构建,主要依赖于两个层面的条件:对食品工程伦理的理解,对本企业生产实际的了解。

首先,通过对食品工程伦理的学习,能够从内心建立行业的荣誉感、责任感、使命感,理解食品工程人员对社会肩负的伦理义务(如生命健康之上、尊重消费者知情权和人格尊严等),才会有内生的动机,做好企业的食品安全文化构建。

具体而言,食品安全文化,不仅在于对技术的理解,更在于员工的核心价值观,即理想信念教育。让食品工程从业人员,知道自己为何而工作,为谁而工作,能够真正认同自己的岗位职责,相信自己是食品安全中的重要一环,和其他员工一样具有重要的责任,能够为此做出巨大的贡献。

也就是说,通过食品工程伦理的教育,尽可能地让食品相关企业的员工,都知道自己“能做到、该做到”食品生产安全。

其次,在这种认同感的基础上,结合员工不同岗位的实际,让其清楚自己的那些行为,是有利于、有助于食品安全文化建设的。例如,对岗位操作规范的认真遵从,对清洗、消毒环节的认真对待,对可疑现象的及时处置,对质量波动的缜密分析,对操作活动的翔实记录等。对于特别重要的岗位,如检验部门负责人、产品放行负责人,还应该提供相应的培训与指导,帮助其领导下属建立食品安全文化的可行措施。

当然,食品安全文化,和建设厂房、安装设备不同,并不是一蹴而就的。相反,它需要在漫长的时间里,通过定期的、有意识的建设活动而培养、生长,最终成为一个员工认同、坚不可摧的信念,宛如一株参天大树,护佑着企业的健康发展。

二、食品安全文化的构建实例

在构建企业食品安全文化的过程中,本文作者认为,个体学习和集中讨论,都是必不可少的环节。

对于食品工程的从业人员个体来说,食品安全文化的相关知识并不是与生俱来的,而是需要后天学习的。一般来说,企业最好能够针对不同年龄、学历、经验的员工,设计几个不同层次的安全文化学习材料,帮助绝大部分员工,都能理解食品工程伦理的几个主要的底线原则。

而集中讨论,最好是围绕着虚拟或真实的案例展开。也就是说,让同一部门的员工,就近组成小组,每个人再带入案例中的不同角色,请他思考自己在这个场景中,该如何完成自己的职责,又符合食品工程伦理的基本原则？在所有人先后发言之后,再对案例进行总结,找到其中的合理之处。

例如,下面这些虚构的案例,就可以作为食品安全文化建设中的讨论材料:

案例 1. 假设某食品生产企业甲公司,主要产品是各种酱油,包括普通的酱油、用于凉拌菜的酱油、含有海鲜提取物的海鲜酱油,主要工艺是发酵和灌装。

某日,员工 A 突然发现,用于暂存、转移酱油的一个储罐底部,有少量的棕色液体残留。他判断,这很可能是上一次转移酱油时,因为罐本身的设计缺陷,而在放料口处滞留的少量酱油。

员工 A 将此事告诉了自己的操作搭档 B 和 C。员工 B 认为,这种残留,可能会给消费者带来不合理的风险:如果海鲜酱油混入了普通酱油中,若海鲜过敏的人食用后,可能会诱发过敏反应。员工 B 建议,将此事立即上报,并在调查处理完成之前,暂停所有酱油产品的放行出厂。

员工 C 则认为,这是一个微不足道的问题,根本没有那么严重,不需要小题大做。且一旦调查处理,就会浪费几天的时间,给企业带来巨大损失。

员工 A 随后还是将此事报告企业领导 D,但企业领导并未采取有效措施加以整改。员工 B 表示,自己会向当地的市场监督管理局,举报企业的这种违规做法。

那么,请你扮演 A~D 的中的任意一个角色,谈谈你对该案例的看法。在你看来,哪些观点是合理的,哪些是不合理的?

案例 2. 假设某食品生产企业乙公司,主要产品是烘焙糕点。其中,就用到了乳清粉这种原料。在该公司的宣传广告中,也明确提到“本品选用进口优质乳清粉”的字样。

近来,因为疫情和国际贸易政策等因素的影响,原本从 A 国进口的乳清粉,价格暴涨且交货期限大幅度延长。该公司遂决定,从 B 国进口乳清粉作为代替。A、B 两国的乳清粉,都是我国法律允许进口的合法商品。

乙公司的工程师小马提出,之前没有用过 B 国生产的乳清粉,对其质量保证体系并不了解;再加上 B 国之前曾有爆发过疯牛病的历史,万一乳清粉中含有疯牛病的病原体(朊病毒),对公众的健康危害太大了,故建议公司谨慎使用。

工程师小陈则表示,对于乳清粉是否可能携带朊病毒的问题,目前的科学研究一般认为是不太可能的。况且B国爆发疯牛病,已经是十多年前的事情了,虽然今年又发现过一头染病的牛,但毕竟是个例,不必太过紧张。

技术负责人老袁认为,疯牛病的病原体是朊病毒,这种物质的生命力非常顽强,常规的脱水、加热等加工过程,都无法将其彻底杀死,乳清粉的加工过程同样也做不到,所以还是不放心。

生产负责人老陈提出,B公司有完善的质量管理体系,并通过了ISO 22000体系认证,乳清粉的质量应该是有保证的。再说了,对进口食品和食品原料,国家有规定的检验检疫制度,遵守规范即可,企业不需要自己去盯着。

那么,请你扮演小马、小陈、老袁、老陈中的任意一个角色,谈谈你对该案例的看法。在你看来,哪些观点是合理的,哪些是不合理的?可以如何改进?

案例3. 假设食品生产企业丙公司,主要产品是蛋白粉。某市居民小赵,购买了10罐蛋白粉,总价格为5000元,随后向丙公司提出投诉,要求依法予以10倍赔偿。其主要理由是:①该公司的蛋白粉包装是用的铁筒。但打开之后发现,蛋白粉的实际体积,仅相当于罐体容量的一半左右,剩下半罐则都是空气;该公司故意使用这样的罐子,构成了对消费者的误导。②小赵连续半个月大量食用这种蛋白粉,代替正常的食物,结果导致了肾损伤;而该蛋白粉的包装上并没有给出相应的警告信息。

对此,丙公司辩称:①该蛋白粉是按照重量来计量、销售的,产品的净含量,已经清楚的标识在罐体包装上,无论是否装满罐子,都不存在误导的问题。②小赵的食用方法,已经超出了常人的认识范围,也远远超出了该蛋白粉包装上标注的推荐食用量,应该自己承担后果。

那么,请你扮演小赵、丙公司代表和市场监督管理局的代表,谈谈你对本案的看法。

上述这类小组讨论,或许并没有标准答案,但相信经过这个过程,对于员工的食品安全意识建设有一定的帮助。

第二节　食品安全文化的延伸

对于食品生产企业而言,原料的质量当然会直接影响到加工后的食品的质量。原料制造过程中的食品安全问题,哪怕后续工艺中能够消除带入的风险,也会给下游的食品生产企业带来极大的负面影响。

例如,2022年的央视“3·15晚会”上,曝光了中部某地的“老坑酸菜”事件(酸菜制作过程中,酸菜被放在田间的土坑中发酵,工人赤脚踩踏酸菜,并有吐痰、抽烟等行为)。事情公开后,舆论一片哗然,市场监管部门也果断出手,该酸菜生产企业当然在劫难逃;而受到波及的,还有好几家国内著名的方便面生产企业:该企业是某些方便面生产企业的供应商,酸菜包就是方便面中的调料之一。尽管涉事方便面生产企业纷纷发表公告,称该酸菜企业不是自己的供应商,或供应的酸菜是按照规范生产的,但对于消费者而言,这些公告的意义委实不大。那种对“老坑酸菜”发自内心的恶心、反感,自然会蔓延到包含了酸菜的方便面身上,这并不是一纸声明就可以抵消的。

本次“老坑酸菜”事件,实际上也给我们提出了一个很有意义的问题:食品安全文化,或者说食品工程伦理,应该延伸到什么地方?

在本书之中,我们讨论的,几乎都是对于食品生产企业自身的食品工程伦理要求,包括食品安全文化的建设工作。然而,或许这还不够,从产业链的角度来说,还需要主动地将食品工程伦理,向上下游的企业延伸。这种延伸,本质上说,还是为了保护食品生产企业自己的利益,就是确保在供应链和销售渠道中,也要符合食品工程伦理的要求。

从“老坑酸菜”的例子中,就能实际地感受到,上下游企业的质量安全问题能够非常迅速地传导。要确保食品安全(包括食品原料的安全)仅凭良好的设备、管理制度和技术是不够的,必须有良好的食品安全文化,才能将这些硬件、软件的作用充分发挥出来。

相应地,在食品生产企业对供应商的审核过程中,除了对其进行现场审核、质量管理体系的文件审核之外,也有必要对其质量文化建设工作进行观察。尽管我们很难给出一个“质量文化建设”的量化标准,但企业是否重视食品质量文化的建设、为此投入过哪些资源、普通工人是否理解和认同这种文化建设,都是可以被消费者感知的内容。倘若某个供应商,对于食品安全文化的建设是一片空白,则其提供的产品,质量就很难让人放心了。

总之,未来的食品工程师在知识储备和伦理意识上比普通的从业人员拥有更多的优势,完全可以在企业的食品安全文化建设上发挥独特而重要的作用,为营造一个风清气正、安全放心的食品安全环境而做出贡献。

小结

本章介绍了食品安全文化的价值和意义,并给出了一些课堂讨论用的虚构的案例。为食品安全文化建设提供了一些思路,供读者参考。

参 考 文 献

[1]江洪,吴松江.《国际食品法典》与食品安全公共治理[M].1版.北京:中国政法大学出版社,2015.

[2]王大地,黄洁.ESG理论与实践[M].1版.北京:经济管理出版社,2021.

[3]郭顺堂.食品安全案例[M].1版.中国轻工业出版社,2023.

[4]王伟.食品安全伦理在当代中国[M].1版.社会科学文献出版社,2015.

[5]王鹏.食品从业人员伦理学[M].1版.黑龙江大学出版社,2012.

[6]赵士辉.食品行业伦理与道德建设[M].1版.中国政法大学出版社,2012.

[7]钱建亚.食品工程伦理[M].1版.中国轻工业出版社,2020.

[8]吕嘉乐,刘芳华,吴琪俊等.超加工食品摄入与成人超重和肥胖关系研究进展[J]中国公共卫生,2021,37(11):1691-1694.

后　记

本书的撰写、出版过程，历时三年有余，其间三易其稿，重整了写作思路，又根据业界的动态和学术界的研究成果，增删了不少内容，如今总算可以付梓。

本书的编排思路，最终确定为：先介绍食品工程伦理的整体面貌和几个重要原则；再按照食品工程的产业链，依次介绍不同阶段、不同部门中需要注意的伦理问题，后者是前者的体现与细化，前者是后者的根基与源头。

在本书的写作之中，我们强调了食品工程伦理的适用范围和法律、法规存在区别。对于食品工程领域内已经触及社会底线的违法问题，就不再由工程伦理来调节，也不是本书所讨论的内容。例如，与食品欺诈（food fraud）和食品防御（food defense）等相关的问题，就需要以法律、法规加以应对，仅依靠食品工程伦理是远远不够的。

当然这并不是说对这些问题的防范和解决就完全体现不了食品工程伦理的价值。食品工程伦理永远是食品工程从业人员的“压舱石”，也是食品安全的重要支柱。历史的经验教训告诉我们，思想的滑坡，往往是堕落的开端。

本书的撰写过程中，得到了西华大学食品与生物工程学院和教务处的全力支持，也得到了诸多专家、学者的帮助，在此一并深切致谢。

编者

2024 年 1 月